Hans-Joachim Eckstein

SORGE DICH NICHT, VERTRAUE!

Gedanken, die tragen

Prof. Dr. Hans-Joachim Eckstein ist Theologe,
Referent und Autor, Poet und Liedkomponist,
www.ecksteinproduction.com

3. Auflage 2025

Verlagsrecht dieser Ausgabe:
SCM Verlag in der SCM Verlagsgruppe GmbH
Max-Eyth-Str. 41 · 71088 Holzgerlingen
www.scm-verlag.de

Umschlaggestaltung: SCM Verlagsgruppe GmbH, Holzgerlingen
Titelbild: »Seascape«, © Holger Eckstein, Monaco
Satz: typoscript GmbH, Walddorfhäslach
Druck und Bindung: GGP Media GmbH, Pößneck
Gedruckt in Deutschland
ISBN 978-3-7751-6128-2
Bestell-Nr. 396.128

Unsere Beziehung zu Gott
ist nicht nur so wirklich,
wie es uns ständig
bewusst ist,

sondern uns wird
zunehmend bewusst,
wie wirklich
Gottes Beziehung
zu uns ist.

VORWORT

»Sorge dich nicht, vertraue!« Können wir sorgenvolle Gedanken durch eigenen Entschluss überwinden und von uns aus Vertrauen gewinnen? Können wir uns bei Zweifeln, Ängsten und Sorgen selbst zum Glauben zwingen und zum Vertrauen nötigen? Erleben wir uns nicht gerade in Krisen viel eher als ausgeliefert und fremdbestimmt?

Jedenfalls ist uns mit wohlmeinenden Aufforderungen und rechthaberischen Ratschlägen gerade in *den* Zeiten gar nicht geholfen, in denen wir von verunsichernden Gedanken angefochten werden und uns mit uns selbst nicht mehr so recht auskennen. Da suchen wir nicht billige Antworten, sondern kostbare Erkenntnisse darüber, was eigentlich unsere wirklichen Fragen sind.

Dass Menschen, die sich selbst als dem Glauben fernstehend bezeichnen, Zweifel an Gottes Existenz und Liebe haben, mag als naheliegend erscheinen. Unerwartet treffen die Glaubenskrisen und Selbstzweifel aber vor allem diejenigen, die sich ihrer Sache bisher gewiss schienen und ihrer Glaubensüberzeugung sicher. Wie ist es zu erklären, wenn wir nicht erfahren, was wir glauben, und nicht sehen, wovon wir eigentlich überzeugt sind? Wie kann es sein, dass unser Gefühl und Erleben sich so weit von unserer Überzeugung und Willensabsicht entfernen?

Sind Anfechtungen des Glaubens Ausdruck eines eigenen Mangels, oder gehören sie zum Glaubensleben auf dieser Erde zwangsläufig dazu? Sind Sorgen, Zweifel und Verunsicherungen nur Anzeichen von Schwäche und Versagen, oder können sie auch als Herausforderungen und Bewährungen erlebt werden – und falls ja, wie?

Die Gedanken und kurzen Betrachtungen des vorliegenden Buches wollen bei diesem Weg der Klärung – des Gewinnens eines neuen Vertrauens und Entfaltens eines vertieften Glaubens – Gesprächspartner und Wegbegleiter sein. Denn die Geheimnisse des Lebens und die Erkenntnisse des Glaubens erschließen sich nicht durch fertige Antworten und theoretische Informationen, sondern auf dem gemeinsamen Weg wesentlicher Beziehungen und entscheidender Begegnungen.

Die einzelnen Artikel, die sich der thematischen Einleitung anschließen, bilden jeweils in sich abgeschlossene Einheiten. So können sie in beliebiger Auswahl auch einzeln gelesen oder – bei Einbeziehung der angeführten Bibeltexte – als Grundlage für Gruppengespräche und Andachten verwendet werden. Wer die Texte in der vorgegebenen Reihenfolge lesen will, wird erkennen, dass sie sich zugleich an Stufen der Persönlichkeitsentwicklung und Phasen der Glaubensentfaltung orientieren. Wie bei Einträgen in ein Tagebuch mögen sie in ihrer Abfolge eine biografische Entwicklung widerspiegeln.

Wenn diese Anregungen zu einem vertrauensvollen und zuversichtlichen Leben sich immer wieder auf biblische Aussagen beziehen und sich an Jesus Christus orientieren, dann deshalb, weil seine Person sich gerade für Zweifelnde und Verunsicherte, Fragende und Suchende als der beste Wegbegleiter und erfahrenste Lehrer erwiesen hat.

Hans-Joachim Eckstein

SORGET EUCH NICHT!

EINFÜHRUNG IN DAS THEMA SORGEN UND VERTRAUEN

Angesichts drohender Gefahren für unsere eigene Gesundheit, für unsere Lebensgrundlage und für die uns anvertrauten Menschen mag uns diese Ermunterung zunächst als weltfremd erscheinen. Ist es nicht verständlich, dass wir uns in einer bedrohlichen Situation Sorgen machen, Angst empfinden und erschüttert sind? – Natürlich! Wenn Jesus zum Vertrauen auffordert, setzt er den Grund zur menschlichen Sorge und die Natürlichkeit unserer Angst um Leib und Leben gerade voraus (Matthäus 6,25-34).

VORSORGE UND FÜRSORGE STATT BESORGNIS

Seine Einladung zum Vertrauen ist keine Rechtfertigung einer unvernünftigen »Sorglosigkeit« und unbegründeten Vertrauensseligkeit. Eine verantwortliche und weitsichtige »*Vor*sorge« ist nicht nur erlaubt, sondern geboten. Wir sollen unser Haus auf Fels und nicht auf Sand bauen (Matthäus 7,24-27). Wir sollen unser Leben von der Zukunft und von den wirklich bleibenden Werten her planen und gestalten. Vor allem aber ist das Evangelium durchgängig von dem Motiv der »*Für*sorge« bestimmt. Was von Jesus Christus, seinem Wirken und Lebensweg berichtet wird, zeugt von einer so radikalen wie liebevollen Fürsorglichkeit für die ihm anvertrauten Menschen.

Aber wir kennen auch Formen des »Sorgens«, die weder angemessen noch hilfreich sind. Wenn wir von unseren Sorgen aufgerieben werden und nicht mehr klar denken können, wenn uns Angst und Besorgnis den Schlaf rauben und wir nur noch grübeln, dann bringt uns das in keiner Weise den Lösungen näher. Wir handeln nicht mehr aus Vorsorge und Fürsorge, sondern reagieren panisch und unsachlich. Es fehlen uns Umsicht, Gelassenheit und Ruhe, um zielführend und lösungsorientiert zu entscheiden.

DIE UNVERFÜGBARKEIT DES LEBENS

»Sorget euch nicht!« – Warum nicht? Die Antwort Jesu ist so nüchtern wie unabweisbar: »Wer ist unter euch, der seines Lebens Länge eine Elle zusetzen könnte, wie sehr er sich auch darum sorgt?« (Matthäus 6,27). In Wahrheit sind wir bei unserem Sorgen um Leib und Leben so erschüttert, weil wir an die Unverfügbarkeit und Vergänglichkeit unseres leiblichen Lebens erinnert werden. Wir richten unser Leben so ein, dass wir möglichst alles kontrollieren, berechnen und gestalten können; und dies mag zur Alltagsbewältigung und Orientierung in dieser Welt auch sinnvoll und entlastend sein. In Krisenzeiten aber werden wir zutiefst verunsichert. Wenn wir einen einschneidenden *Verlust* erleiden, wenn wir unausweichlich mit unserer *Vergänglichkeit* konfrontiert werden oder wenn wir durch *Versagen* erschüttert sind, dann werden wir in diesen Krisenerfahrungen zutiefst beunruhigt. Die Gefahr oder sogar Erfahrung der Lebensminderung löst in uns Trauer und Unsicherheit, Angst und Sorge aus. Der drohende Kontrollverlust über unser Leben beginnt seinerseits unser Leben zu kontrollieren und uns zu Getriebenen zu machen. Wir sorgen nicht mehr vor oder für, sondern wir *sind besorgt*. Wir kümmern uns nicht mehr, sondern wir *sind bekümmert*.

Die Rätsel, die uns Krisenzeiten aufgeben, erinnern uns zugleich an das Geheimnis unseres menschlichen Lebens. Unser Leben gründet nicht in unserem eigenen Vermögen und Verhalten, es ist uns geschenkt. Unsere hiesige Lebenszeit ist uns geliehen. Wir planen und gestalten unseren Lebensweg zwar so, als wäre er zeitlich unbegrenzt – aber in Wahrheit können wir durch das Ausblenden unserer Endlichkeit dem Ende nicht ausweichen. Dass wir bisher im Leben bewahrt worden sind und unser Herz noch schlägt, ist eine uns selbst unverfügbare Gabe – sosehr wir damit in Vorsorge und Fürsorge verantwortlich umzugehen haben.

Alles, was wir sind, das sind wir durch Beziehung, und was wir werden wollen, erkennen wir in persönlichen und fürsorglichen Begegnungen. Wir haben uns weder selbst gezeugt noch geboren. Durch Zuwendung bekamen wir die Chance, uns zu entwickeln und zu entfalten. Unser Vertrauen und unsere Zuversicht, unser Selbstbewusstsein und unsere Beziehungsfähigkeit verdanken wir denen, die uns fürsorglich gefördert haben. So sind es in Wahrheit die uns fördernden Beziehungen, die uns halten und vergewissern. Das Bleibende ist nicht, was wir besitzen oder leisten, sondern die Fürsorge, Wertschätzung und Liebe, die wir selbst erfahren und anderen gewähren. Was wirklich und dauerhaft trägt, sind gar nicht das eigene Vermögen und Verhalten, sondern unser »Sein« – was wir aus und in Beziehungen sind. Wir mögen wohl versuchen, das Grundbedürfnis nach echter Wertschätzung und Anerkennung, nach bleibender Liebe und Gemeinschaft zu verdrängen und zu verlagern, wir können es aber nicht befriedigend ersetzen.

So sind die Worte Jesu von einer tiefen Lebensweisheit bestimmt, der wir uns gerade auch aus Sicht unserer neuzeitlichen sozialpsychologischen Einsichten nicht verschließen können: Wenn uns die Zuversicht ausgeht und wir vor Sorgen keine Hoffnung mehr sehen, dann fehlen uns in Wahrheit auch Glaube und Liebe. Wenn uns zum Leben das Vertrauen fehlt, dann ist das zugleich ein Anzeichen für einen Mangel an Liebe und Hoffnung. Denn wissen wir uns geliebt, dann können wir auch hoffen, selbst wenn wir Grund zur Sorge haben. Und wenn wir lieben, dann sind wir voll Vertrauen, obwohl wir um Gefahren wissen.

Solange wir misstrauisch festhalten und sorgenvoll klammern, verpassen wir einsam all das, was uns in Zuneigung angeboten und in Liebe geschenkt wird. Die Kraft, die uns loslassen lässt, bevor wir ergreifen, und die uns hoffen lässt, bevor wir sehen, ist das Vertrauen. Wer sich in Sorgen aufreibt, trägt selbst dazu bei, dass sie sich als berechtigt erweisen. Wer aber trotz seiner begründeten Sorgen vertrauen lernt und sich in Vorsorge und Fürsorge den Herausforderungen stellt, trägt viel mehr zur Lösung der Probleme bei als der Besorgte und Verzweifelte.

DAS VORBILD DER SCHÖPFUNG

Zur Veranschaulichung für die in ihren Sorgen Verfangenen weist Jesus auf das Geheimnis des Lebens in der Schöpfung hin. »Seht die Vögel unter dem Himmel an: Sie säen nicht, sie ernten nicht … und euer himmlischer Vater ernährt sie doch. Seid ihr denn nicht viel kostbarer als sie?« (Matthäus 6,26).

Den um ihre Kleidung Besorgten stellt er die unübertreffliche Schönheit der Natur vor Augen: »Schaut die Lilien auf dem Feld an, wie sie wachsen« (6,28).

Das Grundlegende und Tragende ist für Jesus die Beziehung des Schöpfers zu seiner Schöpfung. Die Fürsorge, die in den Besorgten Vertrauen weckt, und die Wertschätzung, die sogar die Lebensangst überwindet, ist die Liebe und Treue Gottes. Was uns die Sorgen nimmt, ist nicht der Blick in die *Natur* an sich, sondern das Aufblicken zu dem fürsorgenden *Schöpfer*, der seine Schöpfung seit Beginn in Liebe und Treue erhält. Jesus tröstet nicht durch die Verharmlosung der Gefahren, sondern durch den Hinweis auf die tragende Gewissheit: Ihr seid für euren himmlischen Vater unvergleichlich kostbar!

So kann sich in der Erfahrung der Krise und des drohenden Kontrollverlustes zugleich eine Umwertung und Korrektur der eigenen Ziele ergeben. An die Stelle des Sorgens um das eigene Vermögen und den vergänglichen Besitz mag die Suche nach den bleibenden Werten treten. Jesus lenkt den Blick auf das ewige Reich Gottes, das durch die wesentlichen Werte der Liebe und Beziehung, der Gerechtigkeit und des sorgenfreien Friedens bestimmt ist. In der Neuorientierung an dem, was bleibt, erfährt die Sorge und Vorsorge bezüglich des Vergänglichen eine neue Einordnung: »Erstrebt *vorrangig* das Reich Gottes und seine Gerechtigkeit …« (Matthäus 6,33).

Diese Einladung zum Vertrauen gegen alles Misstrauen und trotz aller drohenden Gefahren spricht Jesus nicht in Arglosigkeit und Unwissenheit aus. Befindet er sich doch bereits auf dem Weg, der ihn selbst in die Erfahrung von Verfolgung, Einsamkeit und Hinrichtung am Kreuz führen soll. »Sorget euch nicht!«, ruft der zu, der selbst allen Grund zu Sorge und Angst vor dem kommenden Leiden hat. Die Zuversicht Jesu ist nicht in seiner Sorglosigkeit begründet, sondern in seiner Beziehung zu Gott. Er lebt nicht sorglos, sondern vertrauensvoll. Seinem himmlischen Vater kann er bei aller eigenen Anfechtung zutrauen, dass er ihn treu auf diesem leidvollen Weg der Fürsorge bis hin zu Kreuz und Auferstehung begleiten wird – begleiten in ein dann endlich sorgenfreies Leben.

Mögen wir als auf Gott Vertrauende auch in Sorge um Leib und Leben gefährdet und vergänglich bleiben, so gewinnen wir unsere Zuversicht doch aus der von Jesus zugesprochenen Gewissheit. Der himmlische Vater selbst wird uns einst neu einkleiden und zu seiner ewigen Mahlgemeinschaft laden. Spätestens dann werden wir real schmecken und sehen, was wir jetzt vertrauensvoll glauben und hoffen.

DIE GROSSE SEHNSUCHT

Wer würde nicht
manchmal durch
Bilder, Erzählungen,
Musik oder Träume
von einem tiefen
Fernweh ergriffen?

Wie schön wäre es,
könnten wir unserem
normalen und tristen
Alltag entfliehen
und unser Glück in
einer fernen und
weiten Welt finden.

In Wahrheit bezieht sich
unser Fernweh aber wohl
eher auf die Sehnsucht
nach innerer Weite
und dem Finden
der eigenen Mitte.

Die tiefste Sehnsucht
gilt unserer eigenen
wahren Bestimmung.

Das lohnendste Ziel
ist die Begegnung,
bei der wir zu
uns selbst finden.

Der ferne Ort unserer
tiefen Sehnsucht ist
deshalb so weit weg,
weil wir nicht erkennen,
wie *nahe liegend* er ist.

IM HIER UND JETZT

Es bringt nichts,
ständig nur der
Vergangenheit
nachzuhängen
oder das
eigentliche Leben
dauernd
auf die *Zukunft*
zu verschieben.

Wir sollten es
endlich lernen,
in der Gegenwart
zu leben,
denn irgendwie
ist immer,
wenn es drauf
ankommt,
Gegenwart.

GLAUBE, HOFFNUNG, LIEBE

Wer sich gegenwärtig
gehalten weiß,
kann Vergangenes
auch loslassen.

Wer Altes abgeben kann,
kann Neues ergreifen.

Wer Zukünftiges
begreifen und
fassen kann,
der wird von dem
Morgen schon
heute ergriffen.

Wie aber kann ich
Vertrauen einüben,
um loszulassen,
und Hoffen lernen,
um zu ergreifen?

Nicht anders als durch
die Erfahrung einer
ermutigenden Zuwendung
und glaubwürdigen Liebe.

Zuversicht und *Hoffnung*
gründen also in
Vertrauen und *Glauben*.
Glaube und Hoffnung aber
erwachsen aus der *Liebe*.

»Nun aber bleiben Glaube,
Hoffnung, Liebe, diese drei;
aber die Liebe ist die
größte unter ihnen.«

1. Kor 13,13

TRAUM UND WIRKLICHKEIT

Wovon haben wir nicht
schon alles geträumt,
und wie enttäuschend
war oft die Wirklichkeit,
zu der wir erwachten.

Nicht alles, was wir uns
im Laufe unseres Lebens
erträumen, ist es dann
wirklich auch wert, so
verwirklicht zu werden.
Aber in vielen Träumen
spiegelt sich doch eine
letzte Ahnung von dem,
was wir uns zutiefst
und letztlich ersehnen.

Unsere Träume können
gar nicht so schön sein,
wie Gottes Wirklichkeit
in seiner Liebe zu uns ist,
denn Gottes Wirklichkeit
erweist sich für uns als
wirklich traumhaft schön.

UNBEDINGTE LIEBE

Aufgrund seiner
unbedingten und
unbezahlbaren Liebe
will Gott unbedingt
und um jeden Preis
mit uns Menschen
zusammen sein.

Spätestens seitdem
Gott sogar seinen
»geliebten Sohn« –
und damit das für
ihn Wertvollste –
in die Welt gesandt hat,
um uns zu erreichen,
ist dies zur festen
Gewissheit geworden.

Joh 3,16; 1. Joh 4,9f.

BEGABTER, ALS DU AHNST

Mit einem gewissen
Schmunzeln
bezeichnen sich
dem Glauben
gegenüber
Distanzierte
gelegentlich als
»religiös unmusikalisch«.

In Wahrheit gibt es
gar keine religiös
unmusikalischen
Menschen,
sondern nur einige,
die ihr Klavier
mit zugeklapptem
Tastaturdeckel spielen.

IN SELBSTBEZOGENEN ZEITEN

Der Individualismus und
Egoismus unserer Zeit
scheint offensichtlich
überhandzunehmen.

In aller Welt heißt
es ständig nur:
»Ich, ich, ich …!«

Obwohl –
wir Bildungsnahe
und Kulturbewusste
sind da anders!

Bei uns heißt es:
»Ich, meiner, mir, mich!«

SELBST SCHULD!

Die Schwierigkeiten,
unter denen wir
am meisten leiden,
sind die, die wir
uns selbst bereiten.

Und besonders groß ist
unsere Unzufriedenheit,
wenn wir nur nach
den Schuldanteilen
anderer fragen
und nicht nach unserer
eigenen Verantwortung und
Veränderungsmöglichkeit.

Sie fragen nach Beispielen?

Da könnten wir gerade
bei Adam und Eva anfangen.

1. Mose 3,1-19

SELBSTFINDUNG

Wir empfinden es
als Sehnsucht
nach uns selbst,
aber wir erleben es
in der Begegnung mit
einem Gegenüber.

Denn wir selbst
sind wir selbst
in Beziehung,
und wir entdecken
das uns Eigene
und Eigentliche
in wesentlichen
Begegnungen.

DAS NEUE IST VERGANGEN, SIEHE, ES IST ALLES ALT GEWORDEN

Sie sehen für sich
keine Zukunft mehr,
und Ihre Gegenwart
besteht nur noch
aus der verlorenen,
alten Vergangenheit?

Dann wird es Sie
überraschen,
dass Gott Sie schon
in der Vergangenheit
liebevoll im Blick hatte
und darauf besteht,
dass Sie gegenwärtig
mit ihm eine neue
Zukunft finden.
Folglich läuft ihre Zeit
nicht mehr *ab*, sondern *an*.

»Ist jemand in Christus,
so ist er eine neue Kreatur;
das Alte ist vergangen,
siehe, Neues ist geworden.«

2. Kor 5,17

JETZT HALTE MAL DIE LUFT AN!

Wie lange kann
ein Mensch
die Luft anhalten?
Wie lange überlebt er,
ohne zu trinken?

Könnten wir gänzlich ohne
Zuwendung und Liebe
aufwachsen und gedeihen?
Ist es uns möglich, ohne
erfüllende Beziehungen
dennoch erfüllt zu leben?

Wie lange kann ein Geschöpf
ohne seinen Schöpfer leben,
ein Mensch ohne seinen Gott?

Nur kurz? Recht lange?
Oder bis zum Sterben?

Warum leben wir nicht
lieber beziehungsreich
und wertgeschätzt,
frei atmend und
essend und trinkend

in der erfüllenden
Gemeinschaft mit Gott
und den Menschen?

Nur kurz? –
Für immer!

Recht lange? –
Auf ewig!

Bis zum Sterben? –
Und weit darüber hinaus
in Gottes ewigem Leben!

VERNÜNFTIG GLAUBEN?

Vernunft und Glauben
bilden weder einen
Gegensatz noch eine
undifferenzierte Einheit.
Sie wollen als zwei Pole
eines Spannungsfeldes
klar zugeordnet werden.

Weder verbietet die
Vernunft zu glauben,
noch verbietet der
Glaube zu denken.

Aber der Mensch
kommt nicht durch
die Vernunft
zum Glauben,
sondern durch
den Glauben
zur Vernunft.

1. Kor 1,18 – 2,16

IHR WERDET DEN HIMMEL OFFEN SEHEN

Die »Himmelsleiter«,
die Himmel und Erde
miteinander verbindet,
wird von oben
nach unten gebaut –
und nicht umgekehrt!

Es ist noch nie
ein Mensch
von sich aus
in den Himmel
gekommen;
aber in Christus
kam Gott
von sich aus
auf die Erde,
um uns aus Liebe
den Weg zu ihm
zu eröffnen.

Joh 1,51; 3,13; 1. Mose 28,12

UND DAS LICHT SCHEINT IN DER FINSTERNIS

Was passiert,
wenn das Leben
den Tod nicht scheut
und das Licht in die
Finsternis kommt?

Was geschieht,
wenn die Wahrheit
die Unwahrheit
Lügen straft und
die gewaltlose Liebe
alle Macht überwältigt?

Was ist, wenn der
Weg seinen Weg
zu den Ausweglosen
findet und
der suchende Hirte
zu seinen geliebten
verlorenen Schafen?

Was ist los, wenn
nicht einmal
der Tod überlebt,

aber den Toten
in den Gräbern
plötzlich Tür und Tor
offen stehen?

Dann ist Weihnachten,
Karfreitag und Ostern –
in einer Person.

Dann ist Gott
Mensch geworden
und hat all das
auf sich genommen
und überwunden,
was das Geschöpf
von seinem Schöpfer
trennen wollte.

Joh 1,1-18; 6,35; 8,12;
10,7-14; 11,25; 14,6; 15,1.5

GESCHENKT

Was, glaubst du,
kann ich Gott
für all seine Worte
unbedingter Liebe
nun meinerseits
schenken?

Schenke
seinen
Worten
unbedingt
Glauben!

SO SCHÖN KANN WAHRHEIT SEIN

Gäbe es Gott –
woran ich glaube –,
liebte er mich –
was er verspricht –,
dann hätt ich allen
Grund zur Freude,
denn mehr als Liebe
gibt es nicht.

Schenkte er mir
ewiges Leben,
dann machte alles
einen Sinn,
ich freute mich jetzt
auf den Himmel –
und käm am Ende
auch noch hin.

SELBSTGEWISSE ALPHASTELLUNG

»Geh hin zur Ameise,
du Fauler,
sieh ihre Wege an
und werde weise!«

Sprüche 6,6

Wie zuversichtlich, lebendig
und leistungsfähig wir sind,
hängt vor allem von
unserer Selbstgewissheit ab.

Und unser Selbstbewusstsein
gründet in der Wertschätzung
und Anerkennung, die wir
in den uns bestimmenden
Beziehungen erfahren.

Fühlen wir uns zurückgesetzt
und nachrangig behandelt,
hemmt das unsere Entfaltung.
Werden wir durch Zuspruch
und Zutrauen aufgewertet,
dann befähigt uns diese
herausragende Bedeutsamkeit
und macht uns beziehungsfähig.

Vielleicht ist dies die Weisheit,
die wir von den Ameisen
vor allem lernen können.
Jede »Ameise« weiß
sich selbst unangefochten
in einer Alpha-Stellung!

Oder ist Ihnen je einmal eine
»B-« oder »C-Meise« begegnet?

GANZ PERSÖNLICH

In Christus kam
Gott ganz
per-söhn-lich
auf die Welt.

Denn wie könnte
er seine Liebe
verbindlicher
und herzlicher
erweisen als
in der Sendung
und Hingabe
seines eigenen
und einzigen
Sohnes?

Per-*söhn*-licher
geht es nicht.

Joh 3,16; 1. Joh 4,9f.;
Röm 5,8; 8,32

BLICKWINKEL

Schau dich nicht
mit den Augen
deiner Feinde an,
sondern sieh
dich selbst
stets im Angesicht
deines dich
liebenden Gottes.

Um die ganze
Wahrheit über
dich zu erfahren,
bedarf es weder
des Hasses noch
der Missgunst.

Die entlarvende Liebe
und unbestechliche
Barmherzigkeit Gottes
reichen dazu völlig aus.

WUNSCH AN GUTE FREUNDE

Bleibt
weiterhin,
wie ihr seid;

und seid
weiterhin,
was bleibt!

SPIEGELBILD, GOTTESBILD, SELBSTBILD

Wer wir wirklich sind, sehen wir nicht, wenn wir in den Spiegel schauen, sondern wenn wir auf Christus schauen und uns selbst mit den Augen seiner Liebe sehen. Unter Absehung dieser Liebe Gottes im Angesicht Jesu Christi würden wir uns immer »spiegelverkehrt« wahrnehmen. Mit dem, was wir auch ohne Christus und seine Wertschätzung wären, brauchen wir uns gar nicht zu begnügen.

Versöhnt mit unserem Leben sind wir vor allem, weil Gott uns in Christus mit sich versöhnt hat. Zuversichtlich und zufrieden sind wir, wenn wir uns von ihm her verstehen. Um sogar mit unserem Versagen und unserer Unzulänglichkeit erlöst leben zu können, brauchen wir die Wahrheit weder zu verdrängen noch zu beschönigen, sondern nur seine Vergebung gelten zu lassen.

Bei ihm bilden Liebe und Wahrheit keinen Gegensatz mehr. Im Licht seiner Zuwendung gewinnen wir sogar Kraft und Mut, uns mit unseren Schattenseiten, Ängsten und Zweifeln auseinanderzusetzen. Könnten wir uns nur eine Sekunde mit den Augen dieser Liebe Gottes sehen, dann hätten sich unsere Selbstzweifel gleich für eine ganze Ewigkeit verflüchtigt.

BEGEISTERT

Gott macht sich
im Blick auf uns
keine Illusionen,
aber im Blick auf ihn
gewinnen wir
bei seiner Liebe
und Treue eine
begründete Hoffnung.

Wir können Gott
nicht enttäuschen,
aber er uns begeistern.

NOCH EINE HÄLFTE?

Haben Sie das auch schon beobachtet? Wenn Sie jemandem bei einer Kaffeerunde noch etwas Kuchen anbieten wollen, dann sind Sie erfolgreicher, wenn Sie nicht ganze, sondern vielmehr halbe Stücke anbieten. Worin liegt die Logik, wenn wir jenseits unseres Hungers eher drei halbe als ein einzelnes ganzes Stück Kuchen essen?

Nun, der Verstand sagt in diesem Fall: »Nein!«, und die Lust sagt: »Ja!« Da schlagen wir uns als friedfertige Menschen einen Kompromiss vor, um möglichst allen Seiten gerecht zu werden: Die eine Hälfte des Stückes lehnen wir entschieden ab, weil es unvernünftig wäre, ohne Bedarf zu essen. Die andere Hälfte gönnen wir aber unserer Lust. Und so haben beide, was sie wollen – und wir ein entlastetes Gewissen.

Denn wie heißt es: »Der Geist ist willig, aber das Fleisch ist schwach!« (Markus 14,38).

Nun hat Jesus diesen Satz in einer viel ernsteren Situation gesprochen, als es um Leben und Tod und um das Einstehen für die tiefe Überzeugung ging. Das Traurige ist nur, dass wir uns auf dieses Spiel der halben Wahrheiten und falschen Kompromisse gerade auch da einlassen, wo es uns wirklich etwas kostet. Da vermeiden wir es eher, ganz klar »Ja!« oder »Nein!« zu sagen und dann auch um der Wahrheit und der Liebe willen zu den Folgen zu stehen.

So kann man sich auch bei der harmlosesten Kaffeerunde selbst auf die Schliche kommen und an den süßesten Beispielen die bittersten Wahrheiten über sich selbst entdecken.

»Na, wenn schon nicht ein Ganzes, dann noch eine Hälfte?« – »Nein, danke, wir machen lieber keine halben Sachen, so oder so!«

Mk 14,38; Röm 7,14 – 8,14; Gal 5,16ff.

DU ERFORSCHST MICH UND KENNST MICH

Wie soll ich wissen,
was ich suche,
bevor ich finde,
was ich brauche?

Wie soll ich suchen,
was ich brauche,
bevor ich weiß,
was ich in dir finde?

Wenn ich zu dir, Gott, finde,
wird mir erst bewusst,
wonach ich letztlich
schon immer gesucht habe.

Wenn du mir
antwortest,
erkenne ich,
was in Wahrheit
meine Frage war.

Und was meine Gebete
zutiefst bedeuten,
wird mir erst durch deine
Gebetserhörungen klar.

Da du mein Schöpfer bist
und ich dein Geschöpf,
ist dies gedanklich
nicht verwunderlich,
sondern nur folgerichtig.
Hast du mich doch
als dein Ebenbild und
Gegenüber erschaffen.

Und dennoch ist es für mich
immer wieder ergreifend
und geheimnisvoll,
dass ich mich
gerade bei dir, Gott,
als Mensch entdecke,
dass ich mir selbst
verständlich werde,
indem ich dich erkenne.

»Ehe sie rufen,
will ich antworten;
wenn sie noch reden,
will ich hören.«

Ps 139; Jes 65,24

IST DAS NICHT ERGREIFEND?

Wer zu Christus kommt,
um ihn zu ergreifen,
der begreift bald,
dass er von ihm
bereits ergriffen ist.

Dass Christus uns gewiss
nicht abweisen wird,
wenn wir zu ihm kommen,
versteht sich dann von selbst.

Denn als Gezogene
ziehen wir zu ihm,
und als Gerufene
antworten wir ihm.

Wir erwählen ihn
als zuvor
von ihm Erwählte.

»Nicht ihr habt mich erwählt,
sondern ich habe euch erwählt
und bestimmt, dass ihr
hingeht und Frucht bringt.«

Joh 15,16; vgl. Joh 6,37. 44. 65; Phil 3,12

ALLEIN IM GLAUBEN

Nicht der eigene
menschliche Glaube
heilt und rettet,
sondern der Retter
schenkt Menschen
den heilsamen Glauben.

Er ist der Heiland,
wir sind die Geheilten;
er ist der Retter,
und wir sind die
im Glauben an ihn
Geretteten.

»Ich, der Herr,
bin dein Heiland
und dein Erlöser …«

»Denn aus Gnade seid ihr
gerettet durch Glauben,
und das nicht aus euch:
Gottes Gabe ist es.«

Jes 49,26; Eph 2,8f.

RECHTFERTIGUNGSLEHRE STATT RECHTFERTIGUNGSLEERE

Nach dem Evangelium
werden nicht die
von sich aus
Gerechten
nach Werken
gerechtfertigt,
sondern die
durch Christus
Gerechtfertigten
im Glauben gerecht.

Die Rechtfertigung
im Glauben ist die
Gerechtsprechung
der Ungerechten –
allein aus Gnade.

Sie ist Begnadigung der
als schuldig Erwiesenen.

DER MENSCHENFREUNDLICHE GOTT

Es war nicht weniger als
Gottes eigener Sohn,
der auf diese Welt kam,
um Gottes Freundschaft
und Menschenliebe
zu verkündigen, zu leben
und in Gemeinschaft
zu verwirklichen.

Seine Gegner hielten ihm vor,
dass er offensichtlich bei der
Auswahl seiner Freunde
keinen besonders guten
Geschmack bewiesen habe.

Man warf ihm vor, ein Freund
der »Zöllner und Sünder« zu sein
und ausgerechnet mit denen
Tischgemeinschaft zu pflegen,
die sich durch ihr Verhalten
aus der Gemeinschaft mit
Gott und den Menschen
selbst ausgeschlossen hatten.

Zugegeben, Christus war
und ist bei der Auswahl

seiner Freunde –
menschlich gesehen –
nicht sehr wählerisch;
aber er wählt seine Freunde
nicht nach dem aus, was sie
vor anderen Menschen gelten,
sondern nach dem, was er
in seiner Liebe in ihnen sieht.

Er erwählt seine Freunde nicht,
weil sie liebenswürdig sind,
sondern sie erkennen sich
als geliebt und würdig, weil
er sie tatsächlich erwählt.

Gottes neue Freunde
sind die durch seine Liebe
erneuerten Freunde.

»Als aber erschien die Freundlichkeit
und Menschenliebe Gottes,
unseres Heilands, machte er uns selig –
nicht um der Werke willen, die
wir in Gerechtigkeit getan hätten,
sondern nach seiner Barmherzigkeit –
durch das Bad der Wiedergeburt
und Erneuerung im Heiligen Geist.«

Tit 3,4-6; Lk 5,27ff.; 7,34; 15,1ff.; Joh 15,13-16

FOLGENREICHE BEDINGUNGSLOSIGKEIT

Es ist ein Geheimnis,
aber kein Rätsel:

Gerade die Liebe,
die uns bejaht,
wie wir sind,
bewirkt, dass
wir uns verändern.

Ausgerechnet die
unbedingte Annahme
bringt uns dahin, dass
wir ihr mit unserem
eigenen Verhalten
entsprechen wollen.

Nichts ist für uns
kostbarer und
folgenreicher
als die Erfahrung
voraussetzungsloser
Wertschätzung.

FÜRCHTE DICH NICHT MEHR

Fürchte dich nicht mehr,
ich will dich trösten.
Fürchte dich nicht mehr,
ich bin doch hier.
Ich will dir helfen,
werde dich stärken,
halte dich bei der Hand,
nahe bei mir!

Denk nicht mehr an früher
und sorge dich nicht!
Ich schaffe dir Neues,
ich bringe dir Licht.

Steig auf wie ein Adler,
verlass dich auf mich;
ich gebe dir Stärke,
lass dich nicht im Stich.

Gehst du auch durch Fluten,
will ich bei dir sein,
beschütz dich vor Feuer,
du bist nicht allein.

Du bist mir so wertvoll,
so kostbar für mich;
für dich geb ich alles,
denn ich liebe dich.[1]

*Jes 40,1.29.31; 41,10; 42,16;
43,3f.18f.; Mk 10,45; Gal 2,20*

ANGEKOMMEN

Nun bin ich nicht
mehr auf der Flucht,
sondern endlich bei
dir angekommen
und mit dir
unterwegs.

Ich bin nicht
länger endlos
auf der Suche,
sondern als
Gefundener
bei meinem
ewigen Ziel.

Bisher war alles
so vorläufig,
jetzt folge ich dir
bleibend nach.

Das Entscheidende
habe ich bereits
erreicht und
das Schönste
noch vor mir.

ICH BIN DER HERR, DEIN GOTT

Ich bin
nicht Herr
meiner selbst

und bin nicht
selbst Herr
über andere.

Aber der
HERR selbst
ist mein Herr,
und deshalb
bin ich ganz
ich selbst.

2. Mose 20,2

SOLI DEO GLORIA?

Die Selbstentfaltung
des Menschen und
die Verherrlichung
Gottes bilden
keinen Gegensatz,

weil sich der Schöpfer
in der Lebensentfaltung
seiner Geschöpfe
verherrlicht

und die Geschöpfe
in ihrer Offenheit
und Zugewandtheit
gegenüber dem Schöpfer
zu sich selbst finden.

ES MÖGEN WOHL BERGE WEICHEN

Berge mögen weichen,
Hügel fallen hin,
aber meine Gnade
bleibt, weil ich es bin,
der sich deiner annimmt
und es dir verspricht:
Der Bund meines Friedens
fällt und weichet nicht.

Wende dich doch zu mir,
ich erlöse dich,
tilge deine Taten,
wie die Wolke sich
in der Sonne auflöst,
wie der Nebel weicht.
Ich bin's, dessen Gnade
bis zum Himmel reicht.

Ich bin doch dein Tröster,
ich will zu dir stehn.
Fürchte keine Menschen,
die wie Gras vergehn!
Der die Erde gründet
und die Himmel spannt,
hat dich längst geborgen
unter seiner Hand.

Berge mögen weichen,
Hügel fallen hin,
aber meine Gnade
bleibt, weil ich es bin,
der sich deiner annimmt
und es dir verspricht:
Der Bund meines Friedens
fällt und weichet nicht.

Jes 54,10; 44,21f.; 51,12f.16

WIE AM ERSTEN MORGEN

Wie am ersten Morgen,
als du mich erschufst,
wach ich auf und lebe,
wenn du nach mir rufst.

Deine Liebe weckt in mir
Hoffnung und Vertrauen;
und ich bin wie neu geboren,
seit du zu mir sprichst.

Jeder Tag, den du mir schenkst,
wird durch dich zur Freude;
jeder neue Morgen lädt mich
ein zu deinem Lob.

Was ich bin, verdank ich dir;
du bist selbst mein Leben.
Mehr kannst du mir
gar nicht geben,
als bei mir zu sein.[2]

GOTTESERKENNTNIS

Es gibt viele Spuren
des Schöpfers
in der Schöpfung
und manche Hinweise
und Ahnungen von
der Existenz Gottes
in unserem Leben.

Aber klarer und
unangefochtener
als in der Natur
oder der Geschichte –
oder auch im eigenen
Erleben und Empfinden –
lässt sich Gott in seinem
Sohn, Jesus Christus,
erkennen und erfahren.

Er ist das eindeutige
und letztgültige
Wort Gottes an
uns Menschen.

Joh 1,1f.14; Hebr 1,1ff.

TRAGENDE WAHRHEIT

Entscheidend ist nicht,
was wir von Christus
und seiner Liebe fühlen,
sondern ausschließlich,
was Jesus Christus
in Wahrheit von uns denkt,
was er für uns empfindet
und zu unseren Gunsten
getan hat und tun wird.

Es ist schön, wenn
wir auch empfinden
und fühlen können,
was wahr und gültig ist.

Aber die bleibende und
tragende Wahrheit
hängt nicht von unseren
momentanen Gefühlen
und Eindrücken ab.

EIN HIMMELWEITER UNTERSCHIED

Wer die Schönheit
und die Weite
des Himmels
nicht kennt,
dem fällt
schon bald
die Decke
auf den Kopf.

Ist es nicht vor allem
die Selbstbeschränkung,
die unsere Zuversicht
und Wahrnehmung
derart begrenzt?

NICHT ALLES, WAS SICH REIMT, IST DESHALB SCHON FALSCH

Manche Sorge
unseres Lebens
war vom Ende her
vergebens.

Mancher Wert,
nach dem wir
strebten,
wurde schal,
wenn wir ihn
lebten.

Vieles, was uns
jetzt noch teuer,
werfen wir dann
selbst ins Feuer.

Würden wir,
wenn wir beginnen,
uns schon auf
das Ziel besinnen,
könnten wir uns
viel ersparen und
uns selbst vor
Leid bewahren.

ENTLASTEN, ENTMÜLLEN …

Sorgen, Sorgen über Sorgen,
die von heute, die von morgen,
die von gestern noch geblieben,
Tage hat die Woche sieben.

Planen, denken, rechnen, streben,
alles das gehört zum Leben;
doch das Grübeln bringt nicht weiter,
ist ein schlechter Wegbegleiter.

Wenn der Schlaf erst mal geraubt ist
und du Opfer deines Grams bist,
kannst du nicht mehr richtig denken
und dein Leben vorwärtslenken.

Klagen, Kummer und Sinnieren
können nicht dein Herz kurieren,
was dir hilft, ist nicht verborgen,
lerne, dich selbst zu – »ent-sorgen«.

DIE WOLKE DER ZEUGEN

Die beständigste Ermahnung
geben uns die Menschen,
die vor uns lebten, gerade
in ihrer Vergänglichkeit.

Obwohl sie nicht mehr
selbst unter uns sind,
vergegenwärtigen sie uns
durch ihr eigenes Beispiel,
was von bleibender
Bedeutung ist.

Und sie erinnern uns an das,
was wir schon jetzt getrost
vergessen können.

Hebr 12,1-3

LEHRER, LERNE ZU LEBEN

Eines guten Lehrers
bester Schüler
ist er selbst.

Er will persönlich leben,
was er andere lehrt,
und nichts lehren,
was nicht lebenswert
und nicht zu leben ist.

Wer lernt schon gerne
von den leeren Worten
eines unbelehrbaren
Lehrers.

LEERSTELLEN ODER LEHRSTELLEN DES GLAUBENS?

Der erfahrene Glaube lernt,
Anfechtungen im Glauben
nicht nur als eine Form
der Abwesenheit von
Glaubenserfahrung
zu begreifen,
sondern selbst schon
als eine konkrete Gestalt
der Glaubenserfahrung.

So wie Übung und Belastung
nicht den Gegensatz zu
Stärke und Ausdauer bilden,
sondern deren Voraussetzung,
so sind die Herausforderungen
und Schwierigkeiten im Glauben
nicht nur als die Verlegenheiten
des Glaubens zu verstehen,
sondern durchaus auch als
Gelegenheiten seiner Bewährung.

1. Petr 1,6-9; Jak 1,2-4.12

DAS WASSER STEHT MIR BIS ZUM HALS

Warum singen und loben
die Beter in den Klage-Psalmen
trotz aller Not und Bedrückung Gott,
obwohl sie doch selbst noch
verzweifelt kämpfen und leiden?

Was einen ermüdeten Schwimmer
über Wasser hält und atmen lässt,
ist nicht der Blick in den Abgrund
und das Hängenlassen des Kopfes,
sondern das Aufblicken nach oben
und das Aufrichten seines Hauptes.
Oben findet er Himmel, Licht
und Luft zum Atmen!

»Hilf mir, Gott, das Wasser
geht mir bis an die Kehle …
Ich will den Namen Gottes
loben mit einem Lied und
will ihn hoch ehren mit Dank …
Es lobe ihn Himmel und Erde,
die Meere und alles,
was sich darin regt.«[3]

Ps 69,2.31.35

BIS DER MORGEN ERWACHT
EIN KLAGEPSALM

Wie ein einsamer Vogel
in finsterer Nacht
klage ich dir mein Leid,
bis der Morgen erwacht.

Ps 102,7f.

In der Not ruf ich dich an,
bitte erhör mein Gebet!
Wende dich nicht von mir ab,
siehst du nicht, wie es mir geht?

Ps 50,15; 91,9

Soll ich auf die Berge fliehn?
Bin ich im düsteren Tal?
Bleibe bei mir, tröste mich!
Hilf mir aus endloser Qual!

Ps 11,1; 23,4

Bei dir finde ich ein Haus,
wie eine Schwalbe ihr Nest.
Herr, mein König und mein Gott,
schütze mich, halte mich fest!

Ps 84,4

Deine Macht und Herrlichkeit
wollte ich so gerne sehn.
Deine Güte bleibt mein Gut,
sie wird für immer bestehn.

Ps 63,3f.; 73,23-26

An dir freue ich mich sehr,
sing dir vertrauensvoll zu.
Lobe dich auch in der Nacht,
dein Sorgen kennt keine Ruh.[4]

Ps 63,6.8.12; 73,28

VON GANZEM HERZEN

Für unser
Beten gilt,
was für jede
echte Liebe
gilt:

Gott will
nicht,
dass wir
höflich sind;

Gott will,
dass wir
offen und
wahrhaftig
sind.

ERHÖRE MEIN GEBET

Was ist in Wahrheit das
Geheimnis des Gebets?
Dass wir Gott gegenüber
unsere Wünsche äußern
und ihm unsere Anliegen
mitteilen können?

Vor allem, dass wir im Gebet
seine Anliegen mit ihm teilen
und *seine* Geheimnisse
wahrhaftig verinnerlichen.

Gott müssen wir nicht mehr
verändern noch umstimmen –
seine Gnade und Gerechtigkeit
sind schon vollkommen.
Aber *wir* werden im Gebet
verwandelt und lernen, ihm
in seiner Liebe zuzustimmen.

»Gebet verändert die Welt!«,
aber nicht jedem Beter ist
schon zu Beginn bewusst,
dass Gott bei ihm selbst
damit anfangen könnte.

ALLE EURE SORGEN

Alle eure Sorgen
werfet auf den Herrn!
Er will für euch sorgen,
er versorgt euch gern.
Sorgt euch nicht um morgen,
lebt von Angst befreit;
er wird euch bewahren
bis in Ewigkeit.

Wenn Gott für die Spatzen sorgt
und sie treu ernährt,
warum grübeln wir voll Furcht,
was uns widerfährt?

Seht die Lilien auf dem Feld,
die in Schönheit blühn!
Unser Vater kleidet sie
ohne ihr Bemühn.

Last und Sorgen haben wir
täglich und genug.
Sandte er nicht seinen Sohn,
der sie für uns trug?

Einst bekleidet er euch neu,
lädt zu seinem Mahl.
Was ihr jetzt im Glauben hofft,
seht ihr dann real.[5]

Ps 55,23; Mt 6,25-34; Phil 4,6; 1. Petr. 5,7
Lk 12,37; 13,29; 14,15; 22,29f.; 2. Kor 5,1-8

DER TRAUM VON LEICHTEM LEBEN

Schwerwiegende Entscheidungen
fallen selten in leichten Zeiten,
und tief gehende Veränderungen
entstehen nicht durch
oberflächliche Erfahrungen.

Bedeutende Entwicklungen
werden kaum durch
unbedeutende Begegnungen
angeregt,
und persönliche Hilfe
erfahren wir so gut wie nie in
unpersönlichen Beziehungen.

Verständnis für die
Schwachheit anderer
erwächst nicht aus der
eigenen Stärke,
und wie man
andere Menschen tröstet,
wissen wir erst,
wenn wir nicht nur getrost,
sondern auch selbst
getröstet sind.

Warum also sehnen wir uns
nach einem leichten und
unbeschwerten Leben,
wenn das, was uns
so wertvoll macht,
in einem verletzlichen
und tiefgründigen,
in einem lebendig
gelebten Leben liegt?

IST ALLES GUT?

Nicht alles,
was geschieht,
entspricht
dem guten
Willen Gottes.

Aber am Ende
muss sich alles,
was geschieht,
dem beugen und
unterordnen,
was dem guten
Willen Gottes
entspricht.

Röm 8,28

DARUM SORGET NICHT!

Die Angst lässt ihren Griff nicht los,
solange wir verkrampft festhalten.

Die Dunkelheit wird nicht heller
dadurch, dass wir sie finster betrachten.

Die Schmerzen zerstreuen sich nicht,
während wir uns auf sie konzentrieren.

Unsere innere Unruhe
wird nicht weggehen,
es sei denn, dass wir selbst
zur Ruhe kommen.

Die Schwermut wird nicht leichter,
wenn wir uns von ihr davontragen lassen.

Und Verzweiflung und Einsamkeit
werden nicht liebenswerter,
indem wir uns in sie verlieben.

Wenn das alles so ist,
warum fühlen wir uns dann
bei dem guten Rat der
altbewährten Beter
so distanziert erhaben:

Nicht zu klammern,
sondern loszulassen,
nicht zu sorgen,
sondern zu vertrauen,
nicht zu versinken,
sondern aufzuschauen,
nicht zu halten,
sondern abzugeben
und unsere Last bei
dem einen abzuladen,
bei dem sie besser als
bei uns aufgehoben ist?

Mt 6,25-34; Ps 37,5-7; Phil 4,6f.; 1. Petr 5,7

IST DAS WIRKLICH MÖGLICH?

Wirklichkeit ist,
was wir an
Möglichkeiten
verwirklichen.

Oft widerfahren
uns Dinge
unabwendbar,
aber zur
Wirklichkeit
werden sie
auf die Weise,
wie wir sie selbst
wirklich erfahren
und mit ihnen
wirksam verfahren.

Wirklichkeit ist nicht,
was einfach geschieht,
sondern was wir
daraus machen.

Sehen wir alle
Möglichkeiten,
die es für uns
wirklich gibt?

DUNKLE TAGE, SCHWERE ZEIT WHEN I GET THE BLUES TODAY[6]

Dunkle Tage, schwere Zeit,
voller Müdigkeit und Leid;
wenn mein Herz kein
Licht mehr sieht,
sing ich dir mein Lied.

Klage ich, bleib ich allein,
schlaf vor Sorge nicht mehr ein;
doch das Ganze wendet sich,
denke ich an dich.

Hält die Traurigkeit noch an,
lob ich dich, so gut ich kann.
Wo du lebst, in deinem Licht,
stört mein Blues dich nicht.[7]

LICHT IM DUNKELN

Es mag noch
manches Dunkel
auf uns warten,

doch strahlt
am Himmel
als ein
heller Schein

dein Wort,
dass du uns
liebevoll
begleitest.

Du willst als
Licht des Lebens
bei uns sein.

BLEIBE BEI UNS

Bleibe bei uns,
denn es will
Abend werden.

Bleibe bei uns,
der Tag hat
sich geneigt.

Kehr bei uns ein
und öffne
unsere Augen.

Rede mit uns,
damit die
Sorge schweigt.[8]

Lk 24,29-32

EIN STARKER TYP

Stark ist nicht der,
der keine Schwachheit
zu kennen vorgibt,
sondern derjenige, der
es immer besser lernt,
mit seinen Stärken
und Schwächen
versöhnt zu leben.

Überwinder sind
nicht die scheinbar
Unangefochtenen,
sondern die
im Kampf
Bewährten.

Die wahre Stärke des
Siegers erwächst aus
der Widerstandskraft
des Herausgeforderten.

»JESUS WEINTE«
NICHTS TRÖSTET MEHR ALS DIE TRÄNEN JESU!

Angesichts des Todes eines geliebten Freundes, Lazarus, und der in Trauer verzweifelten Schwestern heißt es im Johannesevangelium so dicht wie eindrücklich formuliert: »Jesus weinte« (11,35). Gibt es eine ergreifendere Aussage?

Was für ein sympathischer Mensch! Bedeutet Sympathie doch die Fähigkeit, Freude und Leid anderer mitzufühlen. Wie trostreich ist es, wenn wir in der Erfahrung von Verlust und Vergänglichkeit Menschen finden, die uns in unserer Trauer einfühlsam und »mit-leidend« begleiten. Angesichts von Krankheit und Sterben sind sie zwar so machtlos wie wir, aber ihre Zuwendung und Liebe hilft uns, das Unerträgliche zu tragen. »Sieh, wie er ihn geliebt hat!« (11,36; vgl. 11,3.5).

So berührend dieser Gedanke des mit uns leidenden menschlichen Jesus auch sein mag, nach Johannes sind die Tränen Jesu nicht Ausdruck der eigenen Hilflosigkeit, sondern der Liebe. Sie sind nicht Erweis seiner Machtlosigkeit, sondern der Bereitschaft zur alles verändernden Hingabe.

Kein anderes Evangelium hebt das wahre Geheimnis Jesu so deutlich hervor: Er ist nicht nur

Mensch, sondern in einzigartiger Weise und von Beginn an Gottes eigener Sohn. Ihn hat Gott, der Vater, auf die Welt gesandt, damit er die lebenszerstörenden Mächte – Sünde wie Tod – durch seine hingebungsvolle Liebe bis zum Lebenseinsatz am Kreuz überwinde.

Hat Jesus nicht gerade erst Martha in ihrer Verzweiflung zugesagt: »Dein Bruder wird auferstehen!«? Hat er ihr nicht in ihrer Trauer zugesprochen: »Ich selbst bin die Auferstehung und das Leben!«? So tritt Jesus an das Grab des Lazarus und befiehlt, was nur er selbst als der Sohn Gottes durch sein Wort bewirken kann: »Lazarus, komm heraus!«

Nichts tröstet uns mehr als diese Tränen Jesu! Denn sein Weinen ist Grundlage unserer Zuversicht und Hoffnung, der Beweis seiner Liebe, die alles verändert. Wer sich ihm anvertraut, dessen Krankheit wird nicht zum Tode sein (11,4). Wer an ihn glaubt, mag wohl noch *sterben*, aber mit ihm – als der Auferstehung und dem Leben – wird er niemals mehr *tot* sein (11,25 f.; vgl. 5,24; 8,51). Wer ihm glaubt, wird mit ihm ewig leben, nicht irgendwann und jenseits des Sterbens, sondern hier und jetzt und mitten im Leben.

JETZT IST MEINE SEELE BETRÜBT

Wenn sogar der Sohn Gottes
als Mensch auf dieser Erde
müde wurde und Durst hatte,
wenn er über die Wirklichkeit
des Sterbens, des Verlustes
und der Verzweiflung
ergrimmte und weinte,
wie kommst du dann darauf,
immer stark und fröhlich
sein zu müssen und keine
Schwäche zeigen zu dürfen?

Wenn selbst Jesus Christus
in der Stunde der Anfechtung
und des Leidens zutiefst
traurig und erschüttert war
und seinem himmlischen Vater
sein irdisches Leid klagte,
warum solltest du dann
nicht auch vor deinem Gott
weinen und klagen,
schreien und bitten dürfen?

Willst du denn wirklich
unermüdlicher, abgeklärter
und ungerührter erscheinen

als Jesus Christus selbst?
Versuchst du im Ernst,
übermenschlicher zu sein,
als Gottes eigener Sohn
es auf dieser Erde war?

Joh 4,6f.; 11,33.35; 12,27;
Mk 14,34; 15,34; Lk 19,41

DER DEINE TRÄNEN ZÄHLT

Ob in Bangen oder Hoffen, er ist da.
Sind auch viele Fragen offen, ist er da.
Der in Liebe deine Tränen zählt, ist da.

Mag dein Leben trostlos scheinen, er ist da.
Magst du traurig sein und weinen, ist er da.
Der in Liebe deine Tränen zählt, ist da.

Werden Menschen dich verlassen, er ist da.
Selbst wenn andere dich hassen, ist er da.
Der in Liebe deine Tränen zählt, ist da.

Einmal wirst auch du ihn sehen, er ist da.
All dein Leiden wird vergehen, ist er da.
Der in Liebe deine Tränen zählt, ist da.

Sei in deinem HERRN geborgen, er ist da.
Jenseits aller deiner Sorgen ist er da.
Der in Liebe deine Tränen zählt, ist da.[9]

Ps 56,9; 2. Mose 3,13-16; 6,2f.;
2. Kön 20,5; Jes 25,8; Offb 7,17; 21,4

DAS LEERE GRAB

Die Frauen und Männer,
denen Jesus an Ostern
persönlich erschienen ist,
haben nicht nur seine
leibhaftige Auferstehung,
sondern auch das Auffinden
seines leeren Grabes bezeugt.

Daran erkannten sie,
dass ihr gekreuzigter Herr
wirklich in sein neues
Leben auferstanden ist.

Aber wozu ist das leere Grab
dann anschließend noch gut,
wenn Christus selbst es doch
gar nicht mehr braucht?

Als auf ihn Getaufte sind wir
mit ihm begraben worden,
damit wir uns mit ihm
in einem neuen, ewigen
Leben entfalten können.

Doch wie viel Vergangenes
belastet uns immer noch;
wie viel Lebensabträgliches
schränkt uns noch ein!

All unsere Sorgen, Lasten und Ängste,
für die Christus schon gestorben ist,
dürfen wir in seinem Grab begraben –
seit der Auferstehung unseres Herrn
ist ja genug Platz darin vorhanden!

Mk 16,1ff.; Joh 20,1ff.; Röm 6,4; Kol 2,12

WARUM BIST DU SO TRAURIG?

FÜR MARIA MAGDALENA AM LEEREN GRAB (JOH 20,11-18)

Warum bist du so traurig?
Was nimmt dir deinen Mut?
Du stehst und schaust in Leere.
Geht es dir nicht so gut?

Du blickst zurück zu den Tagen,
als alles einfacher war.
Doch den du suchst,
der hat dich gefunden.
Nimmst du die Nähe nicht wahr?

Wende dich um und begreife!
Hör, wer die Stimme erhebt.
Blicke nach oben, öffne die Augen!
Sieh, dass dein Leben schon lebt!

Haben sie dir weggenommen,
was du von Herzen geliebt?
Doch der dich liebt,
der ruft dich beim Namen;
freu dich an dem, was er gibt.

Maria:
Jetzt bin ich nicht mehr traurig!
Jetzt hab ich neuen Mut!
Ich geh und sag es allen:
Er lebt, es geht ihm gut!

Ich hab ihn selber gesehen;
unser Erlöser, er lebt!
Er ist beim Vater,
sein Geist ist in uns,
ich fand, wonach ich gestrebt.

Er ist beim Vater,
sein Geist ist in uns,
unser Erlöser, er lebt![10]

ICH WILL EUCH WIEDERSEHEN

Der Verlust Jesu durch
sein Sterben an Karfreitag
bewirkte bei den Seinen
die Erschütterung ihres
Kinderglaubens und den
Zerbruch ihrer heilen Welt.

Aber die Erscheinung des
durch Gott auferweckten
Jesus Christus an Ostern
bewirkte bei ihnen eine
neue Ursprünglichkeit:
den Anfang der
neuen Schöpfung
und den Beginn des
ewigen Lebens.

Im Gekreuzigten war fortan
all ihr Leiden aufgehoben
und im Auferstandenen
all ihre Hoffnung geborgen.

DURCHTRAINIERT

Der biblische Begriff der
»Geduld« bezeichnet
eigentlich und wörtlich
die Fähigkeit und Stärke,
eine Belastung auszuhalten
und unter einer Last
standhaft zu bleiben.

Griechisch *hypo-monę*
setzt sich zusammen aus
»unter« / »darunter« und
»Bleiben« / »Verweilen«.

Diese Tugend steht also nicht
für ein passives Verhalten,
sondern lässt an Kraft und
Entschiedenheit denken.

Geduld im Sinne von
Ausdauer, Beständigkeit
und Belastungsfähigkeit
gewinnen wir aber,
indem wir sie
einüben und ausüben –
indem wir »trainieren«.

Wollen wir nicht alle
Geduld und Langmut,
Durchhaltevermögen
und Ausdauer besitzen?

Dann sollten wir wohl
die Herausforderung
durch Belastungen
und Schwierigkeiten
nicht nur beklagen,
sondern als einen
möglichen Gewinn
erkennen und
bewusst annehmen.

Röm 5,3ff.; 1. Kor 9,24ff.

SEI BEWAHRT AUF DEINEN WEGEN

Sei bewahrt auf deinen Wegen,
sei bewahrt bei Tag und Nacht
durch den, der in seiner Liebe
über deinem Leben wacht.

Diene alles dir zum Besten
durch den, der dich auserwählt.
Liebe ihn von ganzem Herzen,
ihn, der deine Tränen zählt.

Wirf all deine Sorgen auf ihn,
denn dein Vater sorgt für dich.
Er weiß, was wir wirklich brauchen,
und tröstet uns mütterlich.

Freue dich an ihm, und hoffe
auf ihn, der dein Wünschen kennt,
der nicht zulässt, dass dich etwas
je von seiner Liebe trennt.[11]

Röm 8,28/Ps 56,9; Offb 21,4 –
1. Petr 5,7; Mt 6,25-34/Jes 66,13; Ps 131,2 –
Ps 37,3-7/Röm 8,35-39

NEU GEBOREN ZU EINER LEBENDIGEN HOFFNUNG

Wir haben viel
mehr *Zukunft*,
als wir ahnen.

Und wir könnten schon
in unserer *Gegenwart*
viel weniger von
unserer Vergangenheit
eingeschränkt sein,
als wir meinen.

Schon *gegenwärtig*
will uns die *Zukunft*,
die wir gewiss erwarten,
von unserer belastenden
Vergangenheit befreien.

1. Petr 1,3f.

WEISST DU NOCH?

Warum erinnern
wir uns in unserer
Gegenwart
so gerne an unsere
Vergangenheit?

Um ihrer noch
uneingelösten
Zukunft willen!

Es sind vor allem
die *Wünsche*,
Hoffnungen und
Perspektiven,
nach denen wir
uns zurücksehnen,
weniger die
tatsächliche Erfahrung
der Vergangenheit.

SEI GELASSEN!

Oft fühle ich mich allein
und bin gar nicht gelassen,
obwohl ich doch gar nicht
alleingelassen bin.

Manchmal will ich mich
auf keinen verlassen,
obwohl ich durchaus
nicht verlassen bin.

Wie schwer fällt es mir,
mich selbst ganz und gar
auf dich hin zu verlassen,
um in dir gelassen zu sein.

Wann begreife ich endlich,
dass ich loslassen kann,
und fange an, mit meinen
Vorbehalten aufzuhören?

VERTRAUENSSTARK

Loslassen kostet
manchmal mehr Kraft
als Festhalten,
und der Abschied
kann mehr Energie
verzehren als
eine ganze Reise.

Wenn uns das Fallenlassen
noch anstrengender erscheint
als das verkrampfte Klammern,
dann hat nicht unser Körper
ein Konditionsproblem,
sondern Herz und Seele.

Dann verschleißen wir
aus Schwachheit die Kräfte,
die uns zur hoffnungsvollen
und beziehungsstarken
Lebensentfaltung
geschenkt worden sind.

ICH WEISS NICHT, WARUM ICH SO TRAURIG BIN

Warum fällt es uns oft
besonders schwer,
uns von einem Menschen
zu verabschieden,
wenn wir die Beziehung
gar nicht als harmonisch und
befriedigend erlebt haben?

Wir trauern um etwas,
was wir *nicht* hatten.

Wir sollen loslassen,
noch bevor wir
ergreifen konnten.

Wir trennen uns
von Wünschen,
die unerfüllt blieben,
und verabschieden uns
von Träumen,
deren Verwirklichung
wir bisher noch nicht
begrüßen durften.

Traurig ist es, eine
erfüllte Hoffnung
begraben zu müssen,
trauriger aber noch,
sich bei seinem Verlust
und seinem Schmerz
nur auf eine *Illusion*
beziehen zu können.

TRAUER UND VERTRAUEN

Der Glaube hebt
die Trauer nicht auf,
und er will den
Verlust nicht erklären,
aber er will uns helfen,
am Ende die Hoffnung
wiederzufinden,
ohne die die Liebe
nicht überleben kann.

Es tröstet uns
in unserer Trauer,
wenn wir das,
was wir lieben
und was unser
Leben erfüllt,
nicht einfach
entrissen bekommen,
sondern dem
anvertrauen können,
der selbst das Leben
und die Liebe ist.

HEIMAT IST BEZIEHUNG

Heimat ist nicht da,
wo ich gerade bin,
sondern dort,
wo ich hingehöre.

Mein Zuhause ist nicht,
wo ich zeitweilig wohne,
sondern wo ich der sein kann,
der ich bin, sein soll und will.

Geborgenheit und Gewissheit
finde ich nicht bei denen,
die zufällig in meiner Nähe sind,
sondern *die* stehen mir nahe,
bei denen ich willkommen und
als ich selbst angenommen bin.

Vielleicht muss ich sogar
meine eigene Verwandtschaft
verlassen und verabschieden,
um meine wahre Zugehörigkeit
und Bestimmung zu entdecken.

1. Mose 12,1; Lk 14,26f.; 18,28-30

UNTERWEGS IN DAS VERHEISSENE LAND

Es ist nicht Gottes Wille,
dass wir immer bleiben,
wo wir gerade sind,

sondern dass wir
gerade da sind
und stets bleiben,
wo es sein Wille ist.

»Geh aus deinem
Vaterland
und von deiner
Verwandtschaft …
in ein Land, das
ich dir zeigen will.«

1. Mose 12,1

WENN DIE VERGANGENHEIT ZUKUNFT ERÖFFNET

Zukunft bedeutet *Möglichkeit*,
Gegenwart ist *Wirklichkeit*
und Vergangenheit *Faktizität* –
so werden die Zeitstufen
gerne unterschieden.

Aber stimmt das wirklich?
Ist die Vergangenheit nur
unveränderliche Tatsache
und objektives Faktum?

Einerseits kann man sich
auch hinsichtlich seiner
eigenen Vergangenheit
durch Umdeutung und
Verdrängung belügen.

Andererseits kann man sich
seiner Vergangenheit stellen
und sich mit ihr bewusst
auseinandersetzen.

Im besten Fall birgt
die Vergangenheit
sogar die Möglichkeit,

durch Abgrenzung, Umkehr,
Vergebung und Versöhnung
Zukunft gegenwärtig
anders zu verwirklichen.

So ist dann die Vergangenheit
wirklich voller Möglichkeiten.

Wir bestimmen nicht nur,
wo wir hingehen, sondern
haben einen Einfluss darauf,
woher wir uns verstehen.

Die Vergangenheit ist nicht nur
unser unausweichliches Schicksal,
sondern unser verantwortlich
wahrzunehmender und
zu wertender Ausgangspunkt.

ÜBER SICH SELBST HINAUSWACHSEN

KLEINE HELDENSAGEN

Manchmal sind Helden
größer als sie selbst!

Dann will die Rüstung
nicht mehr richtig passen,
die eigentlich zu Schutz
und Abwehr dient.

Die Angst kann so viel Mut
noch gar nicht fassen.

Doch ist die alte, enge
Rüstung abgelegt,
kämpft es sich frisch
und frei und angeregt.

TRAUMHAFTES LEBEN

»Lebe deine Träume!« –

aber nicht etwa
deine Albträume
oder Illusionen,

sondern lieber
die traumhaften
Verheißungen
und Visionen
Gottes für dich
und dein Leben.

Dann lebst du wach
und traumhaft,
statt dein Leben
zu verträumen.

EIN JEGLICHES HAT SEINE ZEIT

Weise sein heißt,
die Zeit zu erkennen.

Wer weise ist, lernt
zu unterscheiden
zwischen dem,
was jetzt möglich
und geboten ist,
und dem, was gerade
nicht möglich, angemessen
und zu verwirklichen ist.

Was hilft es, wenn wir
Vergangenes nicht loslassen,
sondern durch verkrampftes
Festklammern halten wollen?
Wem dient es, wenn wir das
uns Geschenkte übersehen,
weil wir nur auf das Verlorene
und uns Unmögliche schauen?

Wie viel Zeit verlieren wir,
wenn wir zwischen unserer
begründeten Hoffnung und
unseren Illusionen nicht
zu unterscheiden lernen?

Wie viel Energie vergeuden wir,
wenn wir nie in unserer Zeit
und Wirklichkeit leben,
sondern immer daneben?

Es wäre Zeitverschwendung,
sich über das Unmögliche
den Kopf zu zerbrechen.
Es wäre Lebensverschwendung,
das hier und jetzt Gebotene
und Angebotene durch
Unzeitgemäßheit zu verpassen.

»Ein jegliches hat seine Zeit,
und alles Vorhaben
unter dem Himmel
hat seine Stunde:
Geboren werden hat seine Zeit,
sterben hat seine Zeit;
pflanzen hat seine Zeit,
ausreißen, was gepflanzt ist,
hat seine Zeit ...;
abbrechen hat seine Zeit,
bauen hat seine Zeit ...«

Pred 3,1-9

IST DAS NICHT GÖTTLICH?

So menschlich
kann der Himmel sein
und so himmlisch
das Menschsein!

In Christus wurde
Gott selbst Mensch
und trug uns und alles,
was die menschliche
Existenz ausmacht,
damit wir durch ihn
und in der bleibenden
Gemeinschaft mit ihm
an seinem ewigen Leben
und himmlischen Wesen
teilhaben können.

So menschlich
kann der Himmel sein
und so himmlisch
das Menschsein!

Einfach göttlich!

EIN RITTER IST NUR SO STARK WIE SEINE BURG

Es macht einen Unterschied,
ob ein Ritter gerüstet und
in seiner gefestigten Burg
von Gegnern angegangen wird
oder unvorbereitet und
außerhalb seiner Festung.

Sosehr er in dunkler Nacht
den überraschenden Angriff
draußen fürchten müsste,
so kann er doch innerhalb
seiner felsenfesten Burg
sorglos und gelassen sein.

Selbst wenn der Feind von ihm
nur fünf Meter entfernt steht,
bleibt er doch entspannt,
solange drei der fünf Meter
von der dicken Außenmauer
seiner Burg beansprucht werden.

Der Mann an sich
ist immer derselbe,
aber wie verschieden,

verzweifelt oder
zuversichtlich,
ist seine Lage –
je nach seinem Ort
und Bezugspunkt.

»Sei mir ein sicherer Hort,
zu dem ich immer fliehen kann,
der du zugesagt hast, mir zu helfen;
denn du bist mein Fels und meine Burg.«

»Meine Zuversicht und meine Burg,
mein Gott, auf den ich hoffe.«

Ps 71,3; 91,2; vgl. 18,3; 31,3f.

GOTT SEI DIR SCHIRM UND SCHILD

Gott sei dir Schirm und Schild,
was dir auch geschieht.
Er beschütze dich vor Leid,
sei dein Trost in Einsamkeit.
Er sei deine Burg und
Zuflucht allezeit.

Christus sei deine Kraft,
wohin du auch gehst.
Seine Liebe lebt in dir,
er ist bei dir jetzt und hier.
Nichts und niemand könnte
stärker sein als ihr.

Ist Gott im Geist bei dir,
bist du nicht allein.
Er hält, was er dir verspricht!
Er ist deine Zuversicht,
er dein Leben, deine
Hoffnung und dein Licht.[12]

Ps 91,1-4; 2. Kor 13,13

JESUS CHRISTUS – EIN GEHEIMNIS

Das Geheimnis der Person
und des Wirkens Jesu
liegt nicht in der
Verklärung *göttlicher*
Möglichkeiten
eines *Menschen*,

sondern in der
Verherrlichung
der *menschlichen*
Wirklichkeit *Gottes*.

»Das Wort wurde Fleisch
und wohnte unter uns,
und wir schauten
seine Herrlichkeit,
eine Herrlichkeit als
des einziggeborenen
Sohnes vom Vater,
voller Gnade und Wahrheit.«

Joh 1,14

PFINGSTEN HEISST …

Lieber
für immer
von Christus
begeistert sein,
als ständig
von mir selbst
enttäuscht
zu werden.

ZUVERLÄSSIGE VERSPRECHEN

Wie oft haben wir schon
gute Vorsätze gefasst
und Gott versprochen,
dieses oder jenes
neu und anders
zu machen.

Und wie oft waren wir
dann doch wieder
ganz die Alten und
von uns selbst
enttäuscht.

Gib Gott keine
leeren Versprechen,
sondern erlaube
ihm endlich,
seine Verheißungen
in deinem Leben
zu erfüllen!

EIN GESEGNETES NEUES JAHR!

Zunächst ist es nur
ein nächstes Jahr,
das mit dem zwölfmaligen
Glockenschlag beginnt.

Dass daraus ein *neues* wird
und nicht nur ganz das alte,
erleben wir als ein *Geschenk*,
das wir dankbar »entfalten«
und neu begeistert
»entwickeln« wollen.

»Ich schenke euch
ein neues Herz
und lege einen
neuen Geist in euch.«

Hes 36,26[13]

ICH BIN BEGEISTERT

Sagt ein begeisterter
Schüler zum Apostel:
»Was bist du für
ein großer Geist!
So will ich auch
gern werden.«

Antwortet der ihm
mit klarem Geist:
Niemand, den der Geist
je ergriffen hat, würde
sich für groß halten;
und keiner, durch den
der Geist gewirkt hat,
würde sich selber mit
diesem verwechseln.

Wir sind nicht selbst
Grund und Ursache des
geistreichen Wirkens,
sondern im besten Falle
die leere Wohnung
des raumgreifenden und
uns erfüllenden Geistes.

Röm 8,9-11; 1. Kor 2,4; 3,16; 6,19

SCHÖPFERISCH ODER ERSCHÖPFT?

Nichts ist erschöpfender,
als wenn Geschöpfe meinen,
auch ohne ihren Schöpfer
genau zu wissen, was
für sie gut und böse ist.

Wenn wir nur diejenigen
Aufgaben und Belastungen
auf uns nehmen, die
Gott uns zugedacht hat,
dann dürfen wir ihm auch
getrost zutrauen, dass er uns
dafür die nötige Kraft gibt.

Er hat uns nicht dazu erschaffen,
ständig nur erschöpft zu sein,
sondern ihn als Schöpfer in
der Schöpfung zu genießen
und uns dann mit ihm
schöpferisch zu entfalten.

Ps 68,20; 1. Thess 5,24

UNSER GROSSER BRUDER

Die Menschwerdung des
Sohnes Gottes zielt auf
die Gottessohnschaft
des Menschen.

Er wurde, was wir sind,
ein sterblicher Mensch,
damit wir teilhaben
an dem, was *er* ist:
ewiges Leben und
göttliche Liebe.

Als Töchter und
Söhne Gottes sind wir
Schwestern und Brüder
unseres großen Bruders,
des Herrn Jesus Christus,
mit dem wir erben und
in Freiheit leben dürfen.

Joh 20,17; Röm 8,29; Hebr 2,11 f.17

ZIELFÜHREND

Sind wir nicht bei vielem, was wir
planen, sagen und tun, in Wahrheit
auf unsere eigene Anerkennung und
Wertschätzung durch andere aus?

Brauchen wir nicht die Bestätigung,
einzigartig und unentbehrlich zu sein?
Schätzen wir es nicht, als bedeutend
und liebenswürdig zu erscheinen?

Dabei liegt das tiefste Glück gar nicht
im Bewusstsein des eigenen Wertes –
dies ist wohl die *Voraussetzung*,
aber nicht *Sinn* und *Ziel* eines
befreiten und wesentlichen Lebens.

Die größte Erfüllung erleben wir,
wenn wir in der Gewissheit und
Würde der Geliebten fähig werden,
uns liebevoll und selbstvergessen
weiteren Personen zuzuwenden –
wenn wir zur Verherrlichung Gottes
und zur Förderung anderer leben.

GLAUBEN LEBEN

Gewiss will der Glaube
nicht nur geglaubt,
sondern vor allem
auch gelebt werden –
und das Gute getan.

Aber das erste Wort
ist nicht: »Vollbringe!«,
sondern vielmehr:
»Es ist vollbracht!«

Am Anfang steht nicht
das Gebot: »Liebe!«,
sondern die Zusage:
»Du bist geliebt!«

Wir müssen nicht
selbst Christus sein
und die Welt retten,
sondern wir selbst
sollen ihn vielmehr
in unserem Leben
Christus und Herr
sein lassen.

Wir brauchen Christus
nicht zu imitieren.
Wir dürfen an ihm,
seiner Liebe, Güte
und Kraft partizipieren.

Wir leben unseren Glauben,
indem wir voll Vertrauen
an Christus als unser
wahres Leben glauben.

Wir tun das Gute
in dem Maße,
in dem wir Christus
als den wirklich Guten
in uns, durch uns und
mit uns leben lassen.

SCHÖNER ALS SCHLARAFFENLAND

Glücklicher als das Nichtstun
macht uns das Tun von etwas,
was wir als erstrebenswert
und sinnvoll empfinden.

Wir erleben unsere
schöpferischen Phasen
oft als viel befriedigender
und aufbauender als die
Zeiten der Untätigkeit
und Bequemlichkeit.

Als Gottes Geschöpfe
genießen wir es,
uns in der Entfaltung
unserer Kreativität
zu erschöpfen.

ZUR FREIHEIT BEFREIT

Wer wäre nicht gerne noch
viel freier, als er bisher ist?

Aber die wirkliche Freiheit
ist, nicht nur *an und für sich* frei
und nicht nur frei *von* etwas zu sein,
sondern vor allem frei *für*…

Absolute Freiheit bedeutet nicht,
Unverbindlichkeit und Selbstsucht
ungehindert durchzusetzen.
Freisein heißt vielmehr,
in der Lage zu sein,
das als richtig und
erstrebenswert Erkannte
frei und uneingeschränkt
zu entfalten und zu gestalten.

Wirkliche Freiheit bedeutet,
frei zu sein *für* das Wesentliche,
für die eigene Bestimmung,
für ein beziehungsreiches Leben.

So werden eigene Verantwortung
und Gemeinschaft nicht mehr
nur als *Begrenzung* erfahren,
sondern vielmehr als *Freiraum* und
Entfaltungsbereich der Freiheit.

»Zur Freiheit hat uns Christus befreit!
So steht nun fest und lasst euch
nicht wieder das Joch der
Knechtschaft auflegen!«

»Ihr seid zur Freiheit berufen, Brüder.
Nur nehmt die Freiheit nicht
zum Vorwand für das Fleisch,
sondern dient einander in Liebe!«

Gal 5,1.13

ANGELIKA
NOMEN EST OMEN

Selbst Engel
lassen mal
die Flügel
hängen,
denn all das
Schützen und
Bewahren
strengt doch an.[14]

So solltest du
nicht deprimiert
und mutlos werden,
wenn selbst die
»Engelgleiche«
nicht gleich
alles kann.[15]

MIT DEM LEBENDIGEN LEBEN

Christus ist nicht
für uns gestorben,
damit wir nun im
Bewusstsein unserer
Schuldigkeit für ihn –
als einen Toten – leben.

Sondern er ist
für uns gekreuzigt
worden und
auferstanden,
damit er als
der Lebendige
durch uns und
mit uns lebt –
und uns somit
beständig beschenkt,
begabt und belebt.

SAGE NICHT: »ICH BIN ZU JUNG!«

Wenn Gott einen Menschen
gebrauchen will,
dann kann er ihn genau
so gebrauchen, wie er ist –
menschlich gesehen zu alt
oder zu jung, zu unfähig,
zu ängstlich oder zu schwach,
göttlich gesehen aber
jedenfalls genau so geliebt.

Unsere Fähigkeiten
und Stärken werden von
dem allmächtigen Gott
wohl berücksichtigt;
das bedeutet
umgekehrt aber nicht,
dass *er* sich durch
unsere Unfähigkeit
und Schwachheit
von seinem Vorhaben
mit uns abbringen ließe.

1. Mose 17,17; Jer 1,6f.;
2. Mose 4,10-12; 2. Kor 12,8-10

ZEIT GEWINNEN

Es mag widersprüchlich klingen,
aber wenn uns die Zeit davonläuft,
hilft es leider nicht,
noch mehr zu beschleunigen,
sondern allein, uns zu bremsen und
uns auf das Wesentliche zu besinnen.

Den Wettlauf mit der Zeit können wir
als Menschen gar nicht gewinnen;
und je mehr wir hinter ihr herhetzen,
desto schneller entzieht sie sich uns.

Selbst wenn unsere Zeit
einmal auslaufen wird,
wird die Zeit selbst einfach
ohne uns weitergehen.

Aber wenn wir dies einsehen und
unsere eigene Begrenztheit annehmen,
dann kommt die Zeit zu uns zurück,
und wir lernen, durch Zurückhaltung
mit ihr Schritt zu halten und
durch Bremsen Zeit zu gewinnen.

Psalm 31,16; 39,5-8; 90,4-12; 103,14-17

WEISST DU, WAS ICH MEINE?

Du verstehst es, Gott,
mich besser zu verstehen,
als ich mich selbst verstehe.

Du hörst bei meinen Worten,
was ich wirklich sagen will
und was ich in Wahrheit
unausgesprochen meine.

Du erhörst meine Gebete
nicht etwa nur so,
wie ich sie gerade spreche,
sondern wie es meinem
eigentlichen Anliegen
entspricht.

Wie gut, dass du nicht
jede meiner Bitten
wortwörtlich erhörst!

ORIGINELL ODER ORIGINAL?

Gott will,
wenn wir
zu ihm beten,
nicht etwas
Neues
von uns hören,

sondern
er möchte
uns hören –
und das
immer wieder
aufs Neue.

AUF DEM WEG ZUR VOLLKOMMENHEIT

Wachsen und vollkommen
werden im Glauben,
gibt es so etwas schon
hier auf der Erde?

In einer bestimmten Hinsicht
könnte man das so sagen.

Wenn wir freudig erkennen
und dankbar annehmen,
dass Gott uns unverdient
bereits hier und jetzt
vollkommen liebt,
obwohl wir doch noch
so unvollkommen sind,
dann sind wir schon
bei der entscheidenden
Entwicklungsstufe angelangt –
nämlich bei dem ungeteilten
und vorbehaltlosen Vertrauen
auf die Vollkommenheit Gottes.

Denn es trifft weder für die Erde
noch für den Himmel zu, dass
wir selbst von uns aus und allein

vollkommen werden müssten,
damit Gott uns vollkommen lieben
und sich an uns freuen kann.

Wir entwickeln uns *nicht* weiter,
wenn wir versuchen, von uns aus
immer unabhängiger von seiner
Gnade und unbedingten Treue
zu werden.

Wir wachsen vielmehr im Glauben,
indem wir uns aus Liebe,
Dankbarkeit und Einsicht
gar nicht mehr anders als
in *Gemeinschaft* mit Gott und
im *Angewiesensein* auf Christus
verstehen und verhalten wollen.

Wir sind in dem Maße in
unserem Glauben erwachsen,
wie wir nichts anderes sein wollen
als Gottes Töchter und Söhne
und als die jüngeren Brüder
und Schwestern Jesu Christi.

Das jedenfalls wird unsere
himmlische Vollkommenheit
vor allem anderen ausmachen.

GESETZ ODER EVANGELIUM?

Auch die schönsten
Weisungen deines Wortes
können mich nicht ermutigen,
wenn ich sie als *Gesetze*
für meine eigenmächtige
Pflichterfüllung missverstehe.

Damit verleide ich mir alle
Bibelverse mit Aufrufen
und Ausrufezeichen.

Aber alle deine Worte
werden für mich
zu Verheißungen,
wenn ich erkenne, dass
auch deine *Gebote*
das beschreiben wollen,
was du selbst in mir und
durch mich tun willst.

LIEBER GANZ ERSCHAFFEN ALS VÖLLIG ERSCHÖPFT

»Denn aus Gnade seid ihr
gerettet durch Glauben,
und das nicht aus euch:
Gottes Gabe ist es,
nicht aufgrund von Werken,
damit sich nicht jemand rühme.«

Bei der Bestimmung des
richtigen Verhältnisses von
Glauben und Werken
tun sich viele schwer.

Die einen meinen, erst
durch ihr Tun und Leisten
anerkannt zu werden
und liebenswert zu sein;
die anderen missverstehen
die Gnade als Rechtfertigung
für ihre eigene Untätigkeit.

Weg von der falschen Alternative,
hin zu der richtigen Reihenfolge!

Wir müssen nicht erst selbst
vollkommen sein und handeln,

um richtig geliebt zu werden,
sondern wir können dann
richtig leben und lieben,
wenn wir und weil wir
vollkommen geliebt sind.

Dabei ist die Gnade Gottes
nicht nur die Voraussetzung,
sondern bleibende Grundlage
für unsere Lebensentfaltung.
Nicht nur der Beginn unserer
Gottesbeziehung ist Geschenk,
sondern jede einzelne Wirkung
und Verwirklichung der
Liebe Gottes durch uns.

Wir dürfen das Leben
ausleben und entfalten,
das er für uns und in uns
durch Christus erschafft.

»Denn wir sind sein Werk,
geschaffen in Christus Jesus
zu guten Werken,
die Gott zuvor bereitet hat,
dass wir darin wandeln sollen.«

Eph 2,8-10

MEHR ALS GENUG

Als Jesus die Jünger fragte,
wie sie den Hunger von
5000 stillen wollten,
prüften sie ihr Vermögen –
und erkannten verlegen:
»Es ist nicht genug …«

Als ein kleiner Junge aber
das wenige, das er hatte,
Jesus brachte und ihm gab,
speiste dieser mit nur
fünf Broten und zwei Fischen
alle in einem solchen Überfluss,
dass schließlich mehr übrig blieb,
als der Junge selbst zuvor hatte:
zwölf Körbe mit übrigen Brocken.

Offensichtlich haben Segen
und geistliche Vollmacht
ihre ganz eigene Logik.

Gottes Segen wirkt nicht
aufgrund unseres Vermögens
und eigenen Reichtums,

sondern aufgrund seiner
voraussetzungslosen Liebe
und überreichen Gnade.

Er will nicht etwas
oder viel von uns,
sondern er will uns und
unser ungeteiltes Vertrauen.

Wenig aus Liebe und Hingabe
ist mehr als viel ohne Vertrauen.

Wen Gott zum Segen gebraucht,
der mag alles geben und teilen,
aber er wird am Ende reicher sein,
als er je zuvor selbst gewesen ist.

Was Jesus Christus
einmal vorbehaltlos zur
Verfügung gestellt wird,
das gebraucht er auf
wunderbare Weise.

Joh 6,5-15

SELIG SIND DIE FRIEDFERTIGEN

Friedensstifter sind wir nicht,
indem wir um des
lieben Friedens willen
jegliche Form der
Auseinandersetzung meiden
oder uns selbst bereitwillig
als Opfer anbieten.

»Friedfertig« sind wir vielmehr,
wenn wir die Rolle des Täters
wie die des passiven Opfers
verweigern und damit das
ungute Wechselspiel des Unrechts
immer wieder unterbrechen und
die wechselseitige Streitsucht
uneigennützig überwinden.

So hat es Jesus Christus als
der einzigartige Sohn Gottes
bis hin zu seinem Kreuz gelebt,
und so erleben es die durch ihn
als Friedensstifter überwundenen
Töchter und Söhne Gottes.

Mt 5,9

FÜR ALLES VERANTWORTLICH?

Wir werden am
Ende unseres Lebens
nicht gefragt,
ob wir uns für
vieles oder alles
verantwortlich fühlten,

sondern allein,
ob wir diejenigen
Aufgaben verantwortlich
wahrgenommen haben,
zu denen wir *persönlich*
berufen und begabt
worden sind.

Wir wollen nicht *aufgeben*,
nur weil wir nicht alles erreichen,
sondern wir wollen erreichen,
was uns aufgegeben ist.

ER FÜHRET MICH …
GESPRÄCH ÜBER FÜHRUNG IM GLAUBEN

In Psalm 23 wird doch bezeugt, dass Gott die Seinen wie ein Hirte zum frischen Wasser und auf rechter Straße führt. Ich kann Gottes Führung und seinen Willen aber in meinem eigenen Leben meist nicht erkennen.

Du hast aber doch als Orientierung Gottes Wort, und er gab dir Verstand, Gefühl und Wille. So kannst du im Vertrauen auf ihn und seine Fürsorge alles bewusst prüfen und das für richtig Erfundene Schritt für Schritt tun.

Aber Führung stelle ich mir so vor, dass Gott mir zuerst klar sagt, was sein Wille ist und wohin ich gehen soll, damit ich ganz sicher bin, was ich zu tun habe.

Wie wird denn ein Schaf von seinem Hirten geführt? Es läuft im Vertrauen auf ihn und seine treue Begleitung los. Dabei lässt es sich durch seinen korrigierenden Stab und seine ermunternde oder ermahnende Stimme leiten. Wie mühselig wäre das Führen für einen Hirten, wenn sein Schaf mit gespreizten Beinen bockig stehen bliebe und er es erst anheben und umsetzen müsste, damit es schnurstracks losrennen kann?

»Er führet mich auf rechter Straße um seines Namens willen. Und ob ich schon wanderte im finsteren Tal, fürchte ich kein Unglück; denn du bist bei mir, dein Stecken und Stab trösten mich.«

Ps 23,3f.

RÄTSELHAFT ODER GEHEIMNISVOLL?

Aufgaben kann
man erledigen und
Punkte abhaken.
Rätsel kann man
zu lösen versuchen,
um sie zu bezwingen
und zu durchschauen.

Ein wahres Geheimnis aber
will weder bewältigt noch
endgültig erledigt werden.

Es wird immer größer, je
tiefer wir darin eindringen,
es wird immer reicher, je
mehr es sich uns mitteilt.

Es wird immer herrlicher,
je vertrauter es uns ist,
und faszinierender, je
mehr wir es erkennen.

»Ihnen wollte Gott zu
erkennen geben, was
der herrliche Reichtum
dieses Geheimnisses

unter den Völkern ist:
Christus in euch,
die Hoffnung
auf Herrlichkeit.«

»… auf den ganzen
Reichtum der Fülle an
Einsicht ausgerichtet,
auf die Erkenntnis des
Geheimnisses Gottes –
Christus.«

Kol 1,27; 2,2

SCHNELLER, HÖHER UND WEITER

Gerne schauen wir erwartungsvoll in die Zukunft und freuen uns auf neue Möglichkeiten, uns zu verbessern, uns weiterzuentwickeln und unsere Entfaltungsmöglichkeiten zu steigern. Die Perspektive des Wachsens unserer Lebenskraft und der Zunahme unserer Erfolge weckt in uns Zuversicht, Glück und Lebensfreude. So verwundert es nicht, dass wir auch im Glauben darauf aus sind, uns zu entwickeln und zu steigern. Aber was sollen wir uns wünschen? Und worum wollen wir Gott im Gebet bitten?

Um mehr Kraft, wenn er doch selbst unsere Kraft und Stärke sein will?

Um mehr Liebe, wo er uns doch schon vollkommen liebt und wir seine Liebe uneingeschränkt beanspruchen und widerspiegeln dürfen?

Um einen größeren Glauben? Aber wozu das denn, wenn Gott seinerseits doch vertrauenswürdig, zuverlässig und treu ist? Um *ihm* zu vertrauen, brauchen wir keinen großen Glauben.

Um mehr Weisheit, Gerechtigkeit, Heiligung und Erlösung, wenn es doch all das ist, was Gott uns in

Christus bereits geschenkt hat, damit wir im Glauben daran teilhaben?

Um mehr Selbstsicherheit, Unabhängigkeit und Freiheit, wenn Gottes Ziel doch gerade unsere uneingeschränkte Offenheit und vertrauensvolle Beziehung zu ihm ist?

Um *weniger Angewiesensein* auf seine Gnade und Barmherzigkeit, wenn Gott in seiner Liebe doch nichts lieber tut, als uns in Zuwendung zu beschenken?

Nein, um mehr *Erkenntnis* wollen wir bitten! Mehr Erkenntnis, damit wir immer mehr einsehen, was wir in Jesus Christus *bereits haben*!

Mehr Erkenntnis, dass wir verstehen, wie viel Reichtum an Herrlichkeit und Hoffnung Gott uns in ihm schon längst geschenkt hat!

Mehr Erkenntnis, dass wir es wirksam erfahren, wie viel Macht, Gewalt und Stärke unser himmlischer Vater in der Auferstehung seines Sohnes auch für uns bereits in Kraft gesetzt hat!

Mehr Erkenntnis, dass wir nicht weniger Gnade, Barmherzigkeit und Liebe beanspruchen wollen, sondern nichts anderes mehr als ihn in seiner Liebe.

Ihn zu begreifen, dessen Liebe doch alle Erkenntnis übertrifft. Ihn zu erkennen und seine Liebe in all ihren Dimensionen der Breite, der Länge, der Höhe und der Tiefe (Epheser 3,18 f.).

Wenn es also um die *Erkenntnis Christi* geht, dann mag die Losung »Schneller, höher und weiter« uneingeschränkt zutreffen! Gibt es etwas Erfüllenderes, als immer mehr und zuversichtlicher und dankbarer und liebevoller mit aller Fülle Gottes erfüllt zu werden?

»Zu erkennen das Geheimnis Gottes, das Christus ist, in dem alle Schätze der Weisheit und der Erkenntnis verborgen liegen … Denn in ihm wohnt die ganze Fülle der Gottheit leibhaftig, und in ihm habt ihr teil an dieser Fülle.«

1. Kor 1,30; Eph 1,17-20; 3,14-20; Phil 3,10; Kol 2,2f.9f.

WIE GOTTLOS IST DIE WELT?

Die Welt mag sich
in ihrer lieblosen Haltung und
in ihrem treulosen Verhalten
als weithin *gottlos* erweisen.

Das heißt aber nicht,
dass sie damit schon
Gott los ist.

Denn Gott hält
an seiner Welt
in Liebe fest
und lässt sie
in seiner Treue
nicht so schnell los.

WAS IST DIE WAHRHEIT?

Es mag durchaus sein,
dass viele Wege
nach Rom führen,
aber nur einer führt
in den Himmel!

Der Anspruch Jesu,
dass er persönlich
»der Weg, die Wahrheit
und das Leben« ist,
klingt heute vielleicht
anstößig und
politisch inkorrekt.

Aber wäre es Christus
um gesellschaftliche
Angepasstheit gegangen,
dann wäre er wohl eher
auf den Thron des Herodes
gekommen als
ans Kreuz auf Golgatha.

Joh 14,6; 18,37f.

POSITIONSSUCHE

Ob jemand als ein
schwarzes Schaf gilt,
hängt weniger von
seiner Farbe ab
als von der Position
und Funktion
innerhalb der Herde.

Wer vor allem
nicht auffallen will,
der sollte immer
unscheinbar mitten
in der Herde mitlaufen.

Wer aber an sich den
Anspruch der Wahrheit
und Wahrhaftigkeit hat,
der sollte lieber als ein
für schwarz erklärtes Schaf
hell und leuchtend strahlen,
als angepasst auch
bei hellem Licht völlig
unsichtbar zu bleiben.

ÜBERWÄLTIGENDE LIEBE

Hätte Gott die
Macht seiner Liebe
überwältigender
erweisen können
als in Gestalt
eines ohnmächtigen
und auf Beziehung
angewiesenen Kindes?

Gewalt mag bezwingen
und unterwerfen,
aber Liebe überwindet
und gewinnt ohne Zwang.

Der mächtigste aller Könige
wurde in einem Stall geboren.

Luk 2,11 f.; Joh 3,16; 1. Joh 4,9

ERKENNTNISGEWINN

Glauben bedeutet,
Unbegreifliches
zu begreifen und
von Unfassbarem
ergriffen zu sein.

Denn als Glaubende
erkennen wir, dass
wir erkannt sind,
und finden heraus, dass
wir von Gottes Liebe
gesucht worden sind.

Wir erkennen, dass wir
schon lange geliebt sind,
und beginnen zu lieben,
weil wir erkannt sind.

»Wenn aber jemand
Gott liebt, der ist
von ihm erkannt.«

1. Kor 8,3; 13,12; Gal 4,9

ABER DIE LIEBE …

Glaube und Hoffnung
sind Kinder der Liebe.

Die Liebe ist deshalb
die größte unter ihnen,
weil sie sowohl
die Grundlage von
Vertrauen und
Zuversicht ist
als auch Ziel
und Erfüllung
von Glaube und
Hoffnung.

1. Kor 13,13

JÜNGER SEIN

In der Nachfolge Jesu
bleibt ein Jünger immer
jünger als sein Meister,
und wenn er selbst lehrt,
versteht er sich dabei
als Schüler des Christus.

Jünger mögen reifer
und älter werden,
sie bleiben aber immer
die jüngeren Geschwister
des Erstgeborenen und
großen Bruders, Christus.

Wer das beherzigt,
der ist als Jünger
erwachsen geworden,
ohne alt auszusehen.

Joh 13,13-17; Röm 8,29

DER GEIST DES PROPHETEN

Was meint der Apostel Paulus,
wenn er seine vorgeblich
geistliche, aber chaotische
Gemeinde in Korinth ermahnt,
dass »die Geister der Propheten
den Propheten untertan« sind?

Wenn Gott durch seinen Geist
in uns spricht, dann sind wir
nicht willenloses Objekt und
unbeteiligtes Medium ohne
Verantwortung und Vernunft,
sondern er wirkt durch uns
als eigenständige Personen –
nach Leib, Seele und Geist,
mit Kopf, Bauch und Herz,
mit Verstand und Willen.

Es ist ganz *Gott*, der wirkt,
und er wirkt ganz *durch uns*.

Deshalb sind und bleiben
wir verantwortlich für das,
was wir sagen und tun.
Wir sollen uns nach Paulus der
geistlichen Gaben befleißigen

und dürfen von Gottes
Wirken begeistert sein;
das heißt aber nicht,
dass wir dem Geist die
Schuld an unserer Faulheit
oder Rücksichtslosigkeit
zuschreiben könnten.

Nach Paulus sind wir
Herr des Geschehens.
Aber zugleich ist es ein
Geschehen des Herrn.

1. Kor 14,1.32

LIEBER EIN MORALISCHER APOSTEL ALS EIN MORALAPOSTEL

Wenn Moralapostel
alles das leben wollen,
was sie anderen empfehlen,
dann haben sie ein ausgefülltes
und sehr erfüllendes Leben.

Aber warum haben ihre Reden
oft einen so säuerlichen und
missgünstigen Unterton?

Vielleicht liegt das daran,
dass nicht wenige von ihnen
bei ihren Ratschlägen weniger
aus der Fülle schöpfen als
aus ihrer eigenen Leere.

Menschen spüren es,
wenn wir bei unserem
Raten und Belehren
in Wahrheit mehr durch
unseren eigenen Mangel
motiviert sind als durch
unseren Lebensreichtum.

Mt 23,3f.; Röm 2,21

UNRUHESTAND

Wenn jemand
sein Leben lang
Sinn und Bestätigung
vor allem aus seiner
beruflichen Aufwertung
und gefühlten
Unentbehrlichkeit
bezogen hat,
fällt es ihm
gewiss nicht leicht,
in den Ruhestand
zu gehen und
all dies loszulassen.

Ihm bereitet der Gedanke
eher Panik als Ruhe,
dass die Erde sich
dennoch weiterdreht,

Ermunterten sich
doch kürzlich
zwei Pensionäre
gegenseitig
so bescheiden
wie weise:

»Wir hatten nun
65 Jahre lang
die Chance, die
Welt zu retten
und die Kirche
zu reformieren.

Den kleinen Rest,
der noch übrig bleibt,
dürfen wir jetzt getrost
andere erledigen lassen.«

ALS GELIEBTE

Wir sollten mit uns selbst
nicht anders umgehen
und nichts anderes
von uns erwarten,
als wir es einem
anderen Menschen,
den wir lieben,
empfehlen würden.

Wir müssen uns
ja nicht selbst lieben,
aber wir sollten es
schon anerkennen,
dass auch wir
Geliebte sind.

IM GEIST DER LIEBE

Die Kraft für die Liebe,
die uns als Glaubende
auszeichnen sollte,
beziehen wir nicht aus
unserem Pflichtgefühl
und schlechten Gewissen,
sondern allein aus
Gottes Geist der Liebe.

Wir brauchen die
himmlische Liebe
nicht von uns aus
zu *produzieren*,
wir dürfen sie als
von ihm Geliebte
reflektieren.

Röm 5,5; Gal 5,22

WAS EINT UNS ALS CHRISTEN?

Obwohl wir alle doch von *einem*
Schöpfer erschaffen worden sind
und alle den *einen* Jesus Christus
als unseren Herrn anrufen,
sind wir in viele
Kirchen, Gemeinden
und Gemeinschaften
zersplittert und getrennt.

Durch Gottes Geist sind wir
aber alle zu *einem* Leib getauft.
In seinen Augen gibt es nur
die *eine* Kirche Jesu Christi,
mit der er in Ewigkeit
verbunden sein will.

Die Wirklichkeit unserer
Einheit als Leib Christi
gründet nicht erst in der
Bemühung der Glieder,
sondern in der Realität ihres
einen Herrn und Hauptes.

In dem Maße, wie wir allein
auf Christus bezogen leben,
tritt das Trennende hinter
dem Einenden zurück.

Auf Erden erscheinen wir
zwar als geteilt –
aber nicht vor Gott.
Es mögen uns jetzt noch
Welten trennen –
aber nicht der Himmel!

DENKST DU GROSS VON DER LIEBE?

Unser Ideal von Liebe
erweist sich nicht
in der Fülle unserer
eigenen Erwartungen
und Wunschträume,
sondern in der Fähigkeit,
unsere Erwartungen
in reale Bereitschaften
umzuwandeln.

»Alles, was ihr *wollt*,
dass euch die
Menschen tun sollen,
das tut auch ihr ihnen!«

Mt 7,12

PARTNERSUCHE

Verliebe dich nicht
in den Menschen,
den du aus deinem
neuen Gegenüber
machen könntest,
sondern in den,
der er jetzt ist –
oder lass es!

Je unsicherer und
schwächer wir selbst sind,
desto stärker neigen wir dazu,
vom anderen zu erwarten,
was wir selbst ganz sicher
nicht sind.

Eine Beziehung kann nur so
stabil und ausgeglichen sein,
wie es beide Menschen
auch für sich allein sind.

Suche einen Menschen,
mit dem du deine Mission
und deine wesentlichen
Visionen teilen kannst,
nicht deine Illusionen.

Eine erfüllende Beziehung
lebt nicht allein von der
Gleichheit der Interessen,
sondern vor allem auch von
deren sinnvoller Ergänzung.

In unserer Liebe
können wir einander
Gott nicht ersetzen
oder füreinander
zum Messias werden,
aber wir können
durch unsere Liebe
auf Christus hinweisen
und durch unser
menschliches Sein
und Verhalten an
Gottes vollkommene
Güte erinnern.

ICH VERTRAUE DIR

Wenn Menschen dir
Vertrauen schenken,
ist das ein wertvolles
Geschenk.

Entwickle es mit
großer Sorgfalt,
des hohen Preises
eingedenk.

REALISTISCHE IDEALE

Wenn wir Jesus
in der Bergpredigt
von der Gerechtigkeit
und Barmherzigkeit
seines himmlischen
Vaters sprechen hören,
mag es uns wie eine
ferne Welt der Ideale
erscheinen,
wie eine Realität,
die sich unserer
Wirklichkeit nur
schwer vermittelt.

Die Worte und
Gebote Jesu
sind aber weder
weltfremd
noch verrückt.
Sie sind vielmehr
lebensnah, weise
und vernünftig –
angesichts einer
so verrückten Welt.

In Jesus hat der
unsichtbare Gott
die Realität seines
Reiches der Liebe
anschaulich und
für uns verbindlich
verwirklicht.

Diese Liebe von uns aus
verwirklichen zu wollen,
wäre unrealistisch,
sie aber von Christus her
dankbar in diese Welt hinein
zu reflektieren,
ist wirklich ideal.

Mt 5–7; 11,28-30; 14,27-31; 28,18-20

GEMEINSCHAFT IM GEBEN UND NEHMEN

Liebe ist gerne bereit,
sich beschenken zu lassen,
aber sie schenkt nicht,
um beschenkt zu werden.

Liebe gibt mehr,
als von ihr
gefordert wird;
aber sie will nicht
mehr fordern,
als ihr gerne
gegeben wird.

Für die Liebe ist Geben
seliger als Nehmen,
aber auch Nehmen
um der Liebe willen
nicht unseliger als Geben.

Apg 20,35; Phil 4,10-20

IN DEN MORGEN

In den Morgen,
in das strahlende Licht
zieh ich aufwärts,
suche dein Angesicht.

Noch im Nebel
höre ich deinen Ruf,
noch im Dunkeln
weckt mich, der mich erschuf.

Aus der Höhe
kamst du herab zu mir;
aus den Tälern
steig ich hinauf zu dir.

Du gehst vor mir,
leitest mich Schritt für Schritt,
deine Wege
gehe ich freudig mit.

Endlich werde
ich oben bei dir stehn,
überwältigt
in deine Augen sehn.[16]

DIE HOFFNUNG LEBT ZUERST

Wenn etwas
Zukünftiges
schon heute
gewiss ist,
warum sollten
wir die Zeit der
Erfüllungsfreude
dann künstlich
verkürzen,
statt sie
in Vorfreude
zu verlängern?

Man sagt, dass
die vage Hoffnung
zuletzt stirbt;
die begründete
Hoffnung aber
lebt als Erste.

LIEBER EWIG KLUG ALS UNSTERBLICH TÖRICHT

»Lehre uns bedenken,
dass wir sterben müssen,
auf dass wir klug werden.«

Wer im Wissen um die
Vergänglichkeit lebt
und von der Gewissheit
der Ewigkeit erfüllt ist,
der lernt loszulassen,
was er nicht halten kann,
um zu gewinnen, was er
nicht mehr verlieren kann.

Die Illusion der eigenen
Unsterblichkeit lässt uns
unser wesentliches
Leben verpassen.
Aber die gewisse Hoffnung
auf Gottes Zukunft mit uns
schenkt uns schon jetzt
als Sterblichen, die wir sind,
sein ewiges Leben.

»Wer sein Leben retten will,
der wird es verlieren.
Wer aber sein Leben verliert
um meinetwillen und um
des Evangeliums willen,
der wird es erretten.«

Ps 90,12; Mk 8,35

EINE FRAGE DES ALTERS

Ob wir eher jung
oder alt erscheinen,
hängt weniger von den
Lebensjahren an sich ab
als vielmehr von unserer
Lebenseinstellung.

Jung sein heißt, das
Entscheidende im Leben
noch vor sich zu wissen
und ihm tatkräftig und
freudig entgegenzugehen.

Alt sind wir, wenn wir
das Wesentliche und
Schöne im Leben
nicht mehr von der
Zukunft erwarten,
sondern wehmütig
an die Vergangenheit
verloren geben.

DER AUGENBLICK DER EWIGKEIT

Ist es nicht faszinierend,
dass wir die Schönheit und
Harmonie der Ewigkeit
oft im Glück eines
Augenblicks erahnen?

Wahres Glück kennt keine Zeit,
und Ewigkeit kann von
der Zeit grundsätzlich
nicht erfasst werden –
auch nicht als eine
endlos verlängerte Zeit.

Aber die Ewigkeit
lässt sich manchmal
in einem einzelnen
Augenblick des Glücks
schon mitten in der Zeit
als wahr erkennen.

Dann ist uns die Ewigkeit
plötzlich näher als die Zeit
und das unendliche Glück
unmittelbarer als unsere
eigene Gegenwart.

ZWISCHEN HIMMEL UND ERDE

Es mag wie ein
Widerspruch
klingen,
aber wer mit
seinem Herzen
ganz bei Gott ist
und sich schon auf
den Himmel freut,
der hebt nicht etwa ab,
er bleibt auf dem Boden.

Er lässt sich von der
Größe und Schönheit
des Himmels beflügeln
und steht mit beiden
Beinen auf der Erde.

DAS LOB DER SCHÖPFUNG

Lobt den Herrn und preist seinen Namen!
Singt und tanzt mit mir bis zum »Amen«!
Freut euch staunend an seiner Größe!
»Wo ist ein Gott wie du?«

Bet ich morgens, geht die Sonne auf
und vertreibt das Dunkel der Nacht.
Strahlend sagt sie mir in ihrem Lauf:
»Ich bin nur zum Loben gemacht!«

Lob ich nachts, dann lächelt selbst der Mond,
alle Sterne blinzeln mir zu,
preisen den, der über ihnen thront:
»Niemand ist so herrlich wie du!«

Singe ich, obwohl es stürmt im Land,
neigt und wiegt sich mit mir der Wald;
alle Bäume klatschen in die Hand,
freuen sich, ob jung oder alt.

Sollt ich müde oder traurig sein,
weckt und mahnt mich deine Natur,
zwitschern Vögel mir ins Ohr hinein:
»Sing dein Lob in Moll oder Dur!«[17]

Ps 19,2; 113,3; 148,3; Jes 55,12

WAS IST WIRKLICH REAL?

Der Glaube erkennt
die wahre Realität,
in deren Licht sich die
sichtbare Wirklichkeit
als Täuschung erweist.

Glauben bedeutet,
schon gegenwärtig
die Realität der
Ewigkeit zu gewinnen
und sich nicht an die
jetzige Wirklichkeit
zu verlieren.

ALS ICH NOCH …

Viel interessanter
als die Frage,
wer ich einmal war,
ist die Erkenntnis,
wer ich bin und
wer ich sein könnte.

Denn morgen
interessiert nicht,
wer ich vorgestern
einmal gewesen bin,
sondern vielmehr,
wer ich heute
geworden bin
und deshalb
morgen noch
sein werde.

SICH SELBST ÜBERTREFFEN

Glücklich zu preisen, wer
ganz im Hier und Jetzt lebt
und ganz bei sich selbst ist.
Bedauernswert ist,
wer *nur* im Hier und Jetzt lebt
und nichts als sich selbst und
seine eigene Perspektive hat.

Die *Glaubenden* wachsen
über sich selbst hinaus, weil
sie sich nicht auf ihre eigene
Wirklichkeit beschränken,
sondern auf eine Realität jenseits
ihrer momentanen Erfahrung
und Wahrnehmung vertrauen.

Die *Hoffenden* gewinnen in
entmutigenden Situationen
Motivation und Trost aus der
Perspektive auf das Kommende
und aus der Vorfreude auf
die kommende Wirklichkeit.

Die *Liebenden* übertreffen
sich selbstvergessen selbst,
weil sie sich nicht nur von

ihrer eigenen Situation und
Befindlichkeit abhängig machen,
sondern von denen her verstehen,
die sie in Fürsorge erfüllend lieben.

Sie alle transzendieren
ihre eigenen Grenzen
und sind gerade darin
ganz bei sich selbst.

Denn sie leben
vertrauensvoll,
zuversichtlich und
beziehungsreich
im Hier und Jetzt –
in Glaube, Hoffnung
und Liebe.

1. Kor 13,13

VOR DIR WERDE ICH STILL

Vor dir werde ich still,
weil ich auf dich warten will.
Wie ein kleines Kind bei seiner
Mutter ruhig wird, bin ich still.
Deine Liebe ist mein Leben,
deine Treue ist mein Trost.
Bleib bei mir, halte mich bei dir.

Rest in me and be still,
wait for me, because I will
be exalted in the earth, and
all my words I shall fulfill.
The Almighty will be with you,
your salvation comes from me.
Do not fear and stand firm and see.[18]

»Sei stille dem Herrn und warte auf ihn!« – Wie schwer fällt es uns, diesen weisen Rat Davids in Psalm 37,7 in der Hektik und dem Trubel des Alltags zu beherzigen. Wie viel schwieriger noch erscheint es uns, unsere Wege dem Herrn anzubefehlen und auf ihn zu hoffen (37,5), wenn wir Unrecht und Ablehnung, Gefährdung und Leid erfahren.

Dabei gehört es zu den Urerfahrungen der Erlösung und Befreiung des Volkes Gottes, dass ihre Hoffnung nicht in ihren eigenen Möglichkeiten gründet, sondern in Gottes treuer Zuwendung und Rettung. Als Israel auf Gottes Wort hin aus der Sklaverei in Ägypten aufbrach, befanden sie sich gleich zu Beginn in einer hoffnungslosen Situation: vor ihnen die Wasser des Meeres, hinter ihnen das bedrohliche Heer des Pharao. Es gab keinen Weg zurück, und was sie vor sich sahen, machte ihnen Angst.

In diese völlig ausweglose Situation hinein lässt Gott dem Volk durch seinen Knecht Mose zusprechen: »Fürchtet euch nicht, steht fest und seht zu, was für ein Heil der Herr heute an euch tun wird!« (2. Mose 14,13). Im Vertrauen darauf, dass Gott seine Stärke und Herrlichkeit an ihnen erweisen würde, sollten sie unerschrocken weiterziehen: »Der Herr wird für euch streiten, und ihr werdet stille sein« (2. Mose 14,14).

Gott stellte sich schützend hinter sie und eröffnete vor ihnen einen Weg mitten durch das Meer, sodass sie trockenen Fußes der Vernichtung entkamen (14,22.29 f.). Die ausweglose Bedrohung, die vor ihnen lag, sollte sich als die Rettung vor der Gefahr erweisen, die ihnen von hinten drohte. Ohne dass Israel selbst Macht oder Möglichkeit gehabt hätte, sich vor Zerstörung und Gewalt zu schützen, wurden sie durch Gottes wunderbares Eingreifen gerettet. Ihre lähmende Furcht vor der Gefahr wich der dankbaren Ehrfurcht Gott gegenüber, und an die Stelle ihrer Verzweiflung trat der Glaube an die Treue und Zuverlässigkeit ihres Herrn (14,31).

An diese Grunderfahrung, dass der »Herr Zebaoth« – der Herr der himmlischen Heerscharen, der hohe und allmächtige Gott – für sein Volk Rettung und Schutz sein will, soll sich Israel stets erinnern, auch wenn sie längst im eigenen Land und in Städten wohnen: »Seid stille und erkennet, dass ich Gott bin! Ich will der Höchste sein unter den Heiden, der Höchste auf Erden. Der Herr Zebaoth ist mit uns, der Gott Jakobs ist unser Schutz« (Psalm 46,11 f.).

Nicht nur die Gemeinschaft, sondern auch der einzelne Beter darf in diesem Herrn seinen Fels, seine Hilfe und seinen persönlichen Schutz erkennen. In der Gewissheit, dass er nicht wanken wird, kann er auf Gott seine Hoffnung setzen: »Meine Seele ist stille zu Gott, der mir hilft« (Psalm 62,2; vgl. V. 6).

Besonders bewegend mag dieses Bekenntnis aus dem Munde des Mannes erscheinen, der doch für Israel in herausragender Weise männliche Durchsetzungsfähigkeit und Attraktivität verkörperte: David. Gerade er – der in seinem sprichwörtlichen Sieg über Goliath Unerschrockenheit und Heldenmut bewiesen hat –

will gegenüber seinem Gott keineswegs selbstsicher und selbstüberschätzend erscheinen. Seine Gottesbeziehung vergleicht der so kampferprobte Erwachsene mit der zärtlichen Vertrautheit eines kleinen Kindes im Verhältnis zu seiner ihn stillenden Mutter: »Herr, mein Herz ist nicht hochmütig, und meine Augen sind nicht stolz. Ich gehe nicht um mit großen Dingen, die mir zu wunderbar sind. Ja, ich ließ meine Seele still und ruhig werden; wie ein kleines Kind bei seiner Mutter, wie ein kleines Kind, so ist meine Seele in mir« (Psalm 131,1 f.).

DU BIST MEIN LEBEN!

Wenn Christus
uns alles ist,
dann erweist
er sich uns
auch als alles!

Er gibt uns nicht etwa
alles, was wir wollen,
sondern er erzeigt sich
uns in und nach allem
als derjenige, den wir
in Wahrheit begehren.

Wer von ihm
ergriffen ist,
der möchte
vor allem
ihn erkennen
und begreifen.

Phil 1,21; 3,8-14

WEG, WAHRHEIT UND LEBEN

Du bist der Weg,
auf dem ich geh;
Wahrheit bist du,
zu der ich steh;
du bist mein Ziel,
das mich erreicht;
Leben bist du,
dem niemand gleicht.

All dies bist du
und noch viel mehr;
du bist, was ich
ewig begehr.
Wärst du nicht da,
wo wäre ich?
Mehr als mich selbst
liebe ich dich.[19]

Joh 14,6

MEINE GNADE REICHT FÜR DICH AUS

Beschweren kann
ich mich nicht,
aber verwundert
bin ich schon!

Ich bat dich um Kraft,
und du zeigtest mir
meinen unnötigen Ballast.

Ich strebte ständig nach
menschlicher Anerkennung,
und du zeigtest mir deine
beständige göttliche Liebe.

Ich wollte meiner
Einsamkeit entfliehen,
und du lehrtest mich,
bei mir selbst zu sein.

Ich bat dich um
die Erlösung von
meiner Schwachheit,
du aber wurdest mir
selbst zur Stärke und
hast mich mit meiner
Schwachheit versöhnt.

Ich wünschte mir,
in meinem Glauben
zu wachsen und meinen
Kleinglauben zu besiegen,
aber du zeigtest mir die
Größe deiner Gnade und
die Vertrauenswürdigkeit
deiner überwältigenden
Güte und Treue.

Du gibst mir, was ich
wirklich brauche,
und du bist mir,
was ich in Wahrheit
suche und ersehne.

Du hast gewiss alle
meine Gebete gehört
und viele von ihnen
ganz offensichtlich erhört,
aber die meisten anders,
als ich es mir eigentlich
vorgestellt hatte.

Gott sei Dank!

2. Kor 12,9-10

BLEIBET IN MEINER LIEBE

Als Jesus seinen Jüngern nach
seiner Auferstehung erschien,
fragte er Petrus eindringlich,
ob er ihn wirklich liebe.

Gerade noch hatte Petrus
ihn schmählich verleugnet,
aber Jesus fragte ihn nicht
nach seinen guten Vorsätzen
und Besserungsversprechen,
sondern: »Liebst du mich?«

Der Messias erwartet
von seinem Jünger
nicht die Bereitschaft,
die Welt zu retten oder
die Kirche zu gründen,
sondern fragt allein:
»Liebst du mich?«

Jesus spricht noch nicht
von der Bereitwilligkeit,
den Nächsten zu lieben –
oder sogar den Feind –,
sondern fragt Petrus:
»Liebst du mich?«

Denn alles, was wir
im Namen Jesu tun,
gründet in der Liebe
Jesu Christi zu uns und
in unserer Liebe zu ihm!

Was immer auch aus
einer echten Liebe
notwendig folgen mag –
für die Liebe selbst
gibt es keinen Ersatz,
und nichts kann an
ihre Stelle treten!

Indem wir selbst diese
bleibende Bedeutung
der Liebe Christi für uns
und diese ganze Welt
erkennen und anerkennen,
will der Gute Hirte der Schafe
uns in sein hingebungsvolles
Leben und Wirken einbeziehen:
»Weide meine Lämmer!«

Joh 15,9; 10,1-18; 21,15-17

WAS BLEIBT

Was von unserem
zeitlichen und
vergänglichen
Leben bleibend
bestehen wird,

sind all die
Momente und
Begegnungen,

in denen sich
Gott vor uns,
an uns und
durch uns
als der
Ewige
erweist.

GEBETEN UND UNGEBETEN BETEN

Wenn Gott redet,
wollen wir hören.

Wenn er schweigt,
wollen wir fragen.

Wenn er uns ruft,
wollen wir antworten.

Weil er uns darum bittet,
wollen wir ihn bitten.

Da er uns in Liebe
unermüdlich beschenkt,
wollen wir nicht müde werden,
ihm allezeit herzlich zu danken.

Und in jedem Fall
wollen wir immer
und überall in
das Lob einstimmen,
das himmlische Chöre
zu seiner Ehre in Ewigkeit
bekennen und singen.

Jes 6,2f.; Ps 103,20-22; Offb 4,8; 5,9-13

DANKE FÜR DICH

Danke für dich,
deine Liebe zu mir!
Für deine Hingabe
danke ich dir!

Lass mich dich lieben,
zum Danken bereit
in allem und allezeit.

Thank you for all
you have given to me.
Your faithful love and
your grace made me free.

Gratefully loving
and trusting I see
how much more
you gave for me.

Gal 2,20; Eph 5,20; Kol 2,7; 1. Thess 5,18

JEDEN TAG UND JEDE STUNDE DES LEBENS

Jeden Tag und jede Stunde des Lebens
möge Gott dich segnen und behüten.
Jeden Tag und jede Stunde des Lebens
möge er dein Glück und deine Freude sein.

Dein Gott bewahre dich,
er beschütze dein Leben.
Er halte dich bei sich,
gebe dir, was dich ganz erfüllt.

Er führe dich den Weg,
der dein Leben entfaltet;
er zeige dir den Steg,
der dich zu seiner Liebe bringt.

Niemals und nirgendwo
wird er dich je verlassen.
Er ist dein A und O,
will dir Hilfe und Beistand sein.

Wovon du träumen magst,
er versteht all dein Sehnen.
Wenn du von Herzen fragst,
wird er selbst deine Antwort sein.[20]

LIEBE IST, WENN …

Wenn die Entfaltung
des anderen
mir wichtiger wird
als das eigene Glück,
dann ist es Liebe.

Lieben heißt,
dem anderen
den Himmel
zu gönnen,
auch wenn dafür
mein eigenes Glück
irdisch bleibt.

Liebende schauen sich
beim Abschied nicht
selbstmitleidig nach,
sondern in Vorfreude
auf das Wiedersehen
sehnsüchtig entgegen.

Wir fragen uns, was wir
aus dem Bericht von
der Himmelfahrt Jesu
persönlich für unseren

Glauben lernen können?
Ebendies – was auch
schon Jesus und die Engel
den Jüngern zusagten!

»Was steht ihr und
seht gen Himmel?«

»Ich gehe hin und
komme wieder zu euch.
Hättet ihr mich lieb,
so würdet ihr euch freuen,
dass ich zum Vater gehe.«

»Ihr habt nun Traurigkeit;
aber ich will euch wiedersehen,
und euer Herz soll sich freuen,
und eure Freude soll niemand
von euch nehmen.«

Apg 1,9-11; Joh 14,28; 16,22

DIE LIEBE HÖRET NIMMER AUF

Je mehr ich dich verstehe,
desto weniger meine ich,
dich schon zu kennen;
und je mehr ich von dir erfahre,
desto gespannter bin ich auf dich.

Je vertrauter du mir wirst,
desto größeren Respekt
empfinde ich vor dir;
und bei allem Enträtseln
wirst du mir immer mehr zum
faszinierenden Geheimnis.

Ich glaube, dass ich
in dieser Zeit der
schönen Widersprüche
zuletzt erfahre, was
die »erste Liebe« ist.

1. Kor 8,3; 13,8.12; Gal 4,9; Offb 2,4

VON HERZEN BETEN
JESUS CHRISTUS ANRUFEN[21]

Mein geliebter Herr,
Jesus Christus,
dem ich für immer
und ewig gehöre,

mein Schöpfer[22],
mein Erlöser
und Vollender,
mein Herr und
mein Gott[23],

dir *danke* ich,
dich *lobe* ich,
dich *liebe* ich.

Verherrliche
du dich bitte
durch mich!

Amen.

ER HAT SEINEN ENGELN BEFOHLEN

Er hat seinen Engeln
im Himmel befohlen,
dass sie dich behüten,
wohin du auch gehst.
Sie werden dich tragen.
Wer wollte es wagen,
dir bleibend zu schaden,
wenn du vor ihm stehst.

Im Schatten der Flügel
allmächtiger Liebe
wird er dich beschirmen,
der über dir wacht.
Will er dich erretten,
von Leid, Not und Ketten,
muss dich nicht mehr schrecken
das Grauen der Nacht.

Er will dich bewahren
vor allen Gefahren.
Auf ihn kannst du hoffen,
zu ihm kannst du fliehn.
Er hört unser Beten,
wenn wir vor ihn treten.
Und wenn wir ihn kennen,
dann lieben wir ihn.

Er hat seinen Engeln
im Himmel befohlen,
dass sie dich behüten,
wohin du auch gehst.
Sie werden dich tragen.
Wer wollte es wagen,
dir bleibend zu schaden,
wenn du vor ihm stehst.

Psalm 91

ANMERKUNGEN

1 »Fürchte dich nicht mehr« – Noten: Wie ein Adler. Hans-Joachim Eckstein. Neue Lieder, Eckstein Production 2019, Nr. 51; Audio-CD: Du bist mir so wertvoll. Hans-Joachim Eckstein, Eckstein Production 2019, Nr. 01. Zu den biblischen Aussagen s. Jes 41,10; 40,1 – Jes 43,18 f.; 42,16 – Jes 40,29.31 – Jes 43,3 f.; Mk 10,45; Gal 2,20.

2 »Wie am ersten Morgen« – Noten: Wie ein Adler. Hans-Joachim Eckstein. Neue Lieder, Nr. 42; Audio-CD: Du bist mir so wertvoll. Hans-Joachim Eckstein, Eckstein Production 2019, Nr. 04.

3 Zu den Klage-, Dank- und Vertrauensliedern sowie zu den Hymnen in den Psalmen siehe Hans-Joachim Eckstein, Wie ein Adler. Lieder persönlich erlebt (mit Skizzen von Eva Maria Jäger), Holzgerlingen 2017, 191-197. Zu den individuellen Klageliedern werden gerechnet: Ps 3; 5; 6; 7; 13; 17; 22; 25-28; 35; 38; 39; 41; 42/43; 51; 54-57; 59; 61; 63; 64; 69; 71; 77; 86; 88; 94; 102; 109; 130; 140; 141; 143.

4 »Bis der Morgen erwacht« – Das Motiv des Vogels als Symbol für die menschliche Seele in einer lebensbedrohlichen Gefährdung: Psalm 11,1; 84,4; 102,7 f.

5 »Alle eure Sorgen« – Noten: Wie ein Adler. Hans-Joachim Eckstein. Neue Lieder, Nr. 52; Audio-CD: Du bist mir so wertvoll. Hans-Joachim Eckstein, Eckstein Production 2019, Nr. 07.

6 »When I Get the Blues Today« – Der Gattung des »Blues« entsprechend ist das Lied ursprünglich in englischer Sprache entstanden. Diese Musikform bringt einerseits – wie der Name schon sagt – die Stimmung der Traurigkeit und Resignation, der Einsamkeit und Melancholie in der persönlichen Ich-Form zum Ausdruck. Freilich muss sie weder in der trüben Stimmung und im Selbstmitleid verharren, noch muss sie sich – zumal im Zusammenhang geistlicher

Lieder – in der Hoffnungslosigkeit verlieren. Hier kann der Weg gerade von der Ausweglosigkeit und Klage über die Vertrauensäußerung und Bitte hin zur Zuversicht und zum Aufblicken führen. Englischer Text und Melodie von »When I Get the Blues Today« in: Hans-Joachim Eckstein; Noten: Hans-Joachim Eckstein, Liederbuch 20.

7 »Dunkle Tage, schwere Zeit« – Noten: Wie ein Adler. Hans-Joachim Eckstein. Neue Lieder, Nr. 54; Audio-CD: Du bist mir so wertvoll. Hans-Joachim Eckstein, Eckstein Production 2019, Nr. 10.

8 »Bleibe bei uns« – Noten: Wie ein Adler. Hans-Joachim Eckstein. Neue Lieder, Nr. 43.

9 »Der deine Tränen zählt« – Noten: Wie ein Adler. Hans-Joachim Eckstein. Neue Lieder, Nr. 47; Audio-CD: Du bist mir so wertvoll. Hans-Joachim Eckstein, Eckstein Production 2019, Nr. 13.

10 »Warum bist du so traurig!« – Noten: Wie ein Adler. Hans-Joachim Eckstein. Neue Lieder, Nr. 48; Audio-CD: Du bist mir so wertvoll. Hans-Joachim Eckstein, Eckstein Production 2019, Nr. 11.

11 »Sei bewahrt auf deinen Wegen« – Noten: Wie ein Adler. Hans-Joachim Eckstein. Neue Lieder, Nr. 45; Audio-CD: Du bist mir so wertvoll. Hans-Joachim Eckstein, Eckstein Production 2019, Nr. 09.

12 »Gott sei dir Schirm und Schild« – Noten: Wie ein Adler. Hans-Joachim Eckstein. Neue Lieder, Nr. 49; Audio-CD: Du bist mir so wertvoll. Hans-Joachim Eckstein, Eckstein Production 2019, Nr. 02.

13 »Ich schenke euch ein neues Herz …« Hes 36,26 nach der Einheitsübersetzung.

14 »Angelika. Nomen est omen« – Die biblische Darstellung der Engel ist sehr zurückhaltend. Allein in dem geheimnisvollen Bericht von Dan 10,13 ist davon die Rede, dass der Erzengel Michael einem bereits 21 Tage kämpfenden Engel zu Hilfe kam und dieser ihm den weiteren Kampf zugunsten des Volkes Israel überließ.

15 Angelika ist ein weiblicher Vorname – griechisch-lateinischer Herkunft (*angelicus*) – mit der Bedeutung: die »Engelhafte«, die »Engelgleiche«, der »Engel«.

16 »In den Morgen« – Noten: Wie ein Adler. Hans-Joachim Eckstein. Neue Lieder, Nr. 46; Audio-CD: Du bist mir so wertvoll. Hans-Joachim Eckstein, Eckstein Production 2019, Nr. 08. – S. zu den biblischen Motiven: Gottes Angesicht suchen und schauen: Ps 27,8 f.13; 36,10; 42,3; 63,3. – Das Gebet und die Erwartung des Eingreifens Gottes am frühen Morgen: Ps 57,9 und Ps 46,6; 90,14; 130,5 f.;143,8. – Der Berg als Ort der Gottesbegegnung und des unmittelbaren Sehens: 2. Mose 24,9 f.; Ps 121–123; Mt 14,23; 17,1-8; 28,16-20.

17 »Das Lob der Schöpfung« – Noten: Wie ein Adler. Hans-Joachim Eckstein. Neue Lieder, Nr. 50; Audio-CD: Du bist mir so wertvoll. Hans-Joachim Eckstein, Eckstein Production 2019, Nr. 05. – S. zu den biblischen Motiven: »Denn ihr sollt in Freuden ausziehen und im Frieden geleitet werden. Berge und Hügel sollen vor euch her frohlocken mit Jauchzen und alle Bäume auf dem Felde in die Hände klatschen« (Jesaja 55,12). – »Die Himmel erzählen die Ehre Gottes, und die Feste verkündigt seiner Hände Werk« (Psalm 19,2). – »Vom Aufgang der Sonne bis zu ihrem Niedergang sei gelobet der Name des Herrn!« (Psalm 113,3). – »Lobet ihn, Sonne und Mond, lobet ihn, alle leuchtenden Sterne!« (Psalm 148,3).

18 »Vor dir werde ich still« – Noten: Wie ein Adler. Hans-Joachim Eckstein. Neue Lieder, Nr. 55; Audio-CD: Du bist mir so wertvoll. Hans-Joachim Eckstein, Eckstein Production 2019, Nr. 03. Zu den biblischen Aussagen s. 2. Mose 14,13 f.; Psalm 37,7; 46,11 f.; 62,2 f.; 73,23-26; 131,2.

19 »Weg, Wahrheit und Leben« – Unter dem Titel: »Du bist das Licht« mit Noten in: Hans-Joachim Eckstein, Liederbuch, Nr. 7; Audio-CD: Lieder. Hans-Joachim Eckstein, Eckstein Production 2015, Nr. 7.

20 »Jeden Tag und jede Stunde des Lebens« – Noten: Wie ein Adler. Hans-Joachim Eckstein. Neue Lieder, Nr. 53; Audio-CD: Du bist mir so wertvoll. Hans-Joachim Eckstein, Eckstein Production 2019, Nr. 12.

21 Neben Gott, dem Vater, haben die frühen Christen schon den Namen des Herrn Jesus Christus angerufen und zu ihm gebetet: Apg 9,14; 22,16; 1. Kor 1,2; 16,22; 2. Kor 12,8, Offb 22,20. Mit der Anrede »Herr« (griech. Kyrios) gebrauchen sie auch Christus gegenüber den Titel, den die atl. und jüdische Gebets- und Bekenntnissprache auf Gott, den Vater, anwendet: Röm 10,9; 1. Kor 12,3; Phil 2,9-11.

22 Gott hat die Welt durch sein Wort, d. h. durch seinen Sohn Jesus Christus, erschaffen, sodass auch der Sohn Gottes als Schöpfer bekannt wird: Joh 1,1-3; 1. Kor 8,6; Kol 1,15-17; Hebr 1,2 f.

23 »Mein Herr und mein Gott!« ist in Joh 20,28 das Bekenntnis des Thomas angesichts der Erscheinung des auferstandenen Christus. Als der »einziggeborene« d. h. »einzigartige« Sohn Gottes (Joh 1,14.18; 4,16.18) ist Jesus Christus nach dem Zeugnis des Neuen Testaments von Wesen und Person her selbst »Gott«. Er ist selbstverständlich nicht »Gott, der Vater«, aber als der Sohn Gottes neben seinem Vater »Gott«. Joh 1,1c: »und das Wort war Gott«; 1,18: »der Einziggeborene, Gott, der in des Vaters Schoß ist, der hat ihn uns verkündigt«; 1. Joh 5,20: »dieser [Jesus Christus] ist der wahrhaftige Gott und das ewige Leben«. Als »Sohn Gottes« in diesem einzigartigen Sinn lebte er bereits vor seiner Menschwerdung in göttlicher Gestalt bei seinem himmlischen Vater; s. zur Präexistenz Christi: Joh 1,1-3; 8,58; 16,28; 17,5.24; 1. Kor 8,6; 2. Kor 8,9; Phil 2,6 f.; Kol 1,15-17; Eph 1,3-14; Hebr 1,2 f.; Offb 3,14.

INHALT

DER AUTOR

Hans-Joachim Eckstein wurde 1950 in Köln geboren und wuchs in Bad Ems/Lahn auf. In der Jugendarbeit des CVJM und in der internationalen Freizeitarbeit der Torchbearers/Fackelträger bekam er nicht nur entscheidende Impulse für einen lebendigen und lebensbejahenden Glauben, sondern sammelte auch erste Erfahrungen in der Jugend- und Gemeindearbeit.

Im Alter von 19 Jahren begann er mit eigenen Liedkompositionen, Predigten und Vorträgen »Offene Abende«, Gottesdienste und Freizeiten zu gestalten. So war er mit einem Team während seines Studiums der Evangelischen Theologie in Erlangen und Tübingen von 1970-1975 an den Wochenenden und in den Semesterferien zu Verkündigungsdiensten, Konzerten und Freizeiten. Das erste Liederbuch »Jesus, du bist mein Leben« und das »Bibel-Anstreichsystem« entstanden bereits in dieser intensiven »Team-Zeit«.

Nach dem 1. Examen 1975 folgten Schuldienst, Vikariat und Promotion zum Dr. theol. (Untersuchung zum Begriff »Gewissen« bei Paulus). 1980-90 war Hans-Joachim Eckstein als Hochschulassistent an der Evangelisch-theologischen Fakultät der Universität Tübingen tätig, 1990-96 als Pfarrer der Evangelischen Landeskirche in Württemberg im Hochschuldienst.

1994 erfolgte die Habilitation (»Verheißung und Gesetz. Eine exegetische Untersuchung zu Gal 2,15–4,7«) und die Verleihung des Landeslehrpreises vom Land Baden-Württemberg für seine pädagogischen und didaktischen Fähigkeiten. Hans-Joachim Eckstein erhielt verschiedene Rufe und nahm 1996-2001 eine Professur für Neues Testament an der Theologischen Fakultät der Universität Heidelberg wahr, 2001-2016 eine Professur an der Evangelisch-theologischen Fakultät der Universität Tübingen, Lehrstuhl für Neues Testament.

Neben weiteren Ehrenämtern war er von 2004 bis 2021 Mitglied der Kammer für Theologie der Evangelischen Kirche in Deutschland, von 2004 bis 2015 Synodaler und Mitglied des Theologischen Ausschusses der Evangelischen Landeskirche in Württemberg.

Während all dieser Jahre hielt er zugleich seine vielfältige Vortrags- und Predigttätigkeit aufrecht und veröffentlichte neben den wissenschaftlichen Publikationen sowohl allgemein verständliche Sachbücher wie auch Lyrik und geistliche Lieder, Aphorismen und Meditationen.

Während das Komponieren, Texten und Veröffentlichen von Liedern in Notenausgaben tatsächlich den Anfang aller Publikationen darstellte (1970/72), wurden neu komponierte und besonders beliebte Lieder von Hans-Joachim Eckstein gerade in den letzten Jahren neu auf Audio-CDs und in Videos

mit jungen professionellen Musikern aufgenommen (2015 / 2017 / 2019).

Für seine besondere Basis- und Gemeindenähe in Lehre, Publikationen und Beratung sowie für sein Brückenbauen zwischen wissenschaftlicher Theologie und Gemeindeglauben erhielt er 2008 den Sexauer Gemeindepreis für Theologie. Für »herausragende Verdienste in Kirche und Theologie« erhielt er 2020 mit der Brenz-Medaille in Silber die höchste Auszeichnung der Evang. Landeskirche in Württemberg. 2022 ist ihm für sein herausragendes gesellschaftliches Engagement das Verdienstkreuz am Bande des Verdienstordens der Bundesrepublik Deutschland verliehen worden.

Hans-Joachim Eckstein lebt mit seiner Ehefrau Angelika Eckstein-Hänssler in der Nähe von Tübingen, von wo aus sie ihre zahlreichen Reisedienste wahrnehmen und seine Frau das von ihr gegründete Beratungs-Netzwerk für NPOs »Experten-Helfen« organisiert (www.experten-helfen.com).

Näheres zu Person, Veröffentlichungen und Veranstaltungen von Hans-Joachim Eckstein: www.ecksteinproduction.com

VERÖFFENTLICHUNGEN VON HANS-JOACHIM ECKSTEIN

(weitere unter www.ecksteinproduction.com)

BÜCHER MIT GEDANKEN, GEDICHTEN UND GEBETEN

Beschenkt
Mit Zeichnungen von Stefanie Bahlinger
Gebunden, 96 S., Nr. 835391,
ISBN 978-3-86334-391-0

Das verborgene Geheimnis. Christus ins uns
Gebunden, 240 S., Nr. 227.001.007,
ISBN 978-3-417-01007-7

Du bist für mich unentbehrlich
Für mindestens 365 Tag im Jahr.
Aufstellbuch, 366 S. Nr. 111.244,
ISBN 978-3-00-083854-5

Du bist ein Wunsch, den Gott sich selbst erfüllt hat
Gebunden, 176 S., Nr. 395.421,
ISBN 978-3-7751-5421-5

Du liebst mich, also bin ich
Gedanken – Gebete – Meditationen
Gebunden, 160 S., Nr. 393.633,
ISBN 978-3-7751-5450-5